coleção primeiros passos 54

Wolfgang Leo Maar

O QUE É POLÍTICA

Copyright © by Wolfgang Leo Maar, 1982
Nenhuma parte desta publicação pode ser gravada,
armazenada em sistemas eletrônicos. fotocopiada,
reproduzida por meios mecânicos ou outros quaisquer
sem autorização prévia do editor.

Primeira edição, 1982
16ª edição, 1994
32ª reimpressão, 2023

Diretoria Editorial: *Maria Teresa Lima*
Editor: *Max Welcman*
Revisão: *Heloísa H. Lima*
Caricatura: *Emílio Damiani*
Diagramação: *Carlos Alexandre Miranda*

Dados Internacionais de Catalogação na Publicação (CIP) (Câmara Brasileira do Livro, SP, Brasil)

Maar, Wolfgang Leo
    O que é política / Wolfgang Leo Maar. São Paulo : Brasiliense, 2006. - - (Coleção Primeiros Passos ; 54)

ISBN 85-11-01054-8

1. Política 2. Política mundial I. Título II. Série
06-0104   CDD- 320

Índices para catálogo sistemático:
1. Política 320

Editora Brasiliense
Rua Antônio de Barros, 1586 – Tatuapé
CEP 03401-001 – São Paulo – SP
www.editorabrasiliense.com.br

SUMÁRIO

I - Apresentação..7
II - Uma visão histórica 33
III - Atividade política, Estado e cotidiano 53
IV - Política, cultura e ideologia 97
V - Indicações para leitura 133
VI - Sobre o autor 137

I
APRESENTAÇÃO

A política é uma referência permanente em todas as dimensões do nosso cotidiano, na medida em que este se desenvolve como vida em sociedade. Embora o termo "política" seja muitas vezes utilizado de um modo bastante vago, é possível precisar seu significado a partir das experiências históricas em que aparece envolvido.

Em 1984, após vinte anos de presidentes impostos pelos militares, milhões foram às ruas em comícios por todo o país na memorável "Campanha das Diretas" para se manifestarem pela eleição direta, secreta e universal do Presidente da República. Como se sabe, este acabaria por ser indicado por um colégio eleitoral pela via indireta, porque a maioria dos congressistas eleitos foi contrária à eleição direta. Em 1985, este mesmo Congresso Nacional rejeitaria a proposta de convocação de uma Assembleia Nacional Constituinte livre e soberana, desvinculada do Congresso Nacional, anulando assim os esforços populares para que os congressistas não agissem em benefício próprio. No início de 1986 o governo decretou o "plano cruzado", promovendo uma reforma econômica em que se anunciavam benefícios à população majoritária de baixa renda, com o que conquistou amplo apoio nas eleições de 15 de novembro. Encerrado o pleito, o governo decretou novas medidas altamente impopulares, levando as centrais sindicais a convocar uma greve nacional de protesto contra a política econômica do governo. Em alguns lugares o exército foi às ruas para "garantir a ordem e as instituições", a exemplo do que fizera em 1964.

Não é preciso se estender mais. Este breve recorte de alguns momentos da história recente do Brasil elucida exemplarmente o significado da política através dos movimentos que visam interferir na realidade social, a partir da existência de conflitos que não podem ser resolvidos de nenhuma outra forma.

A política surge junto com a própria história, com o dinamismo de uma realidade em constante transformação que continuamente se revela insuficiente e insatisfatória e que não é fruto do acaso, mas resulta da atividade dos próprios homens vivendo em sociedade. Homens que, portanto, têm todas as condições de interferir, desfiar e dominar o enredo da história. Entre o voto e a força das armas está uma gama variada de formas de ação desenvolvidas historicamente visando resolver conflitos de interesses, configurando assim a atividade política em sua questão fundamental: sua relação com o poder.

Afinal, a "política" serve para se atingir o poder? Ou então seria a "política" simplesmente a própria atividade exercida no plano deste poder? As eleições – ou as armas – servem para confirmar ou para transformar?

Que referencial usar para encaminhar estas questões?

Parece que, de repente, a "política" aparece como naquela memorável "Campanha das Diretas" em 1984. Mas de fato ela não aparece "de repente": já está lá, multifacetada, sempre presente em suas relações com o Estado, com o poder, com a representatividade e participação, com as ideologias, com a violência, seja nos sindicatos, nos tribunais, na escola, na igreja, na sala de jantar ou na reunião partidária. É o que se verá a seguir.

A política e as políticas

Apesar da multiplicidade de facetas a que se aplica a palavra "política", uma delas goza de indiscutível unanimidade: a referência ao poder político, à esfera da política institucional. Um deputado ou um órgão de administração pública são políticos para a totalidade das pessoas. Todas as atividades associadas de algum modo à esfera institucional política, e o espaço onde se realizam, também são políticas. Um comício é uma reunião política e um partido é uma associação política, um indivíduo que questiona a ordem institucional pode ser um preso político; as ações do governo, o discurso de um vereador, o voto de um eleitor são políticos.

Mas há um outro conjunto em que a mesma palavra manifesta-se claramente de um modo diverso. Quando se fala da política da Igreja, isto não se refere apenas às relações entre a Igreja e as instituições políticas, mas à existência de uma política que se expressa na Igreja em relação a certas questões como a miséria, a violência etc. Do mesmo modo, a política dos sindicatos não se refere unicamente à política sindical, desenvolvida pelo governo para os sindicatos, mas às questões que dizem respeito à própria atividade do sindicato em relação aos seus filiados e ao restante da sociedade. A política feminista não se refere apenas ao Estado, mas aos homens e às mulheres em geral. As empresas têm políticas para realizarem determinadas metas no relacionamento com outras empresas, ou com os seus empregados. As pessoas, no seu relacionamento cotidiano desenvolvem políticas para alcançar seus objetivos nas relações de trabalho, de amor ou de lazer; dizer "Você precisa ser mais político" é completamente distinto de dizer "Você precisa se politizar mais", isto é, "precisa ocupar-se mais da esfera política institucional".

Da mesma maneira, um músico que exclama: "eu sou um artista, não entendo de política", posicionando-se frente à arte engajada, refere-se à política institucional. E pode muito bem, sem incorrer em nenhuma incoerência, continuar: "mas tudo que faço tem profundo sentido político". Ele está fazendo uma distinção entre o valor político imediato de um comício pelas eleições diretas para Presidente da República, que pretende interferir na estrutura do Poder institucional, e o valor político não diretamente institucional do movimento sindical, das comunidades de base da igreja, de uma passeata de estudantes, do movimento *gay*, de uma invasão de terras, ou de um manifesto cultural.

Não resta dúvida, porém, de que este segundo significado é muito mais vago e impreciso do que o primeiro. A evolução histórica em direção ao gigantismo das Instituições Políticas – o Estado onipresente – é acompanhada de uma politização geral da sociedade em seus mínimos detalhes, por exigir um posicionamento diário frente ao Poder. Mas ao mesmo tempo traz consigo a imposição de normas com que balizar a própria aplicação da palavra política; procurando determinar o que é e o que não é "política".

Dessa forma, oculta-se ao eleitor o seu ser político, atribuindo-se esta qualidade apenas ao eleito. Ou então atribui-se à pessoa um espaço e um tempo determinado para que exerça uma atividade política, na hora das eleições, quando está na tribuna da Câmara dos Deputados depois de ter sido eleita, quando senta no palácio para despachar com seus secretários mesmo sem ter sido eleita. A própria delimitação rígida da política constitui, portanto, um produto da história; e este é, sem dúvida, o principal motivo pelo qual não basta ater-se a um significado geral da política, que apagaria todas as figuras com que se apresentou em sua gênese.

Esta delimitação operada pelo nível institucional traz consigo alterações profundas na esfera de valores associados à política. Uma conjuntura institucional insatisfatória, pela corrupção ou pela violência, jamais dissociadas, reflete-se numa desmoralização da atividade política – politicagem – que pode reverter em apatia ou na procura de alternativas extrainstitucionais como a luta armada. Ao mesmo tempo, processa-se uma inversão na valorização da atividade política na própria esfera institucional, em que ela deixa de ser um direito, passando a ser apenas um dever e uma responsabilidade. Em outras palavras, à Instituição passa despercebido que a *sua* é também *uma* política, assentada na sociedade com *uma* proposta de participação, representação e direção. Por esta carência de visão de relatividade, instaura-se um normativismo absoluto, ocultando-se assim sua natureza histórica.

Interessa perceber que, apesar de haver um significado predominante, que se impõe em determinadas situações, e que aparece como sendo *"a" política*, o que existe na verdade são *políticas*.

É apenas aparente a incoerência de um líder sindical afirmando que a ação do movimento social de inegável expressão política que representa "não tem sentido político". Ele resguarda seus flancos em relação ao Estado que lhe nega o direito de fazer política fora dos espaços especificamente delimitados para tanto – os partidos oficiais e legais. Mas, simultaneamente, procura recuperar o significado amplo de uma política forte fora do âmbito em que ela se desacreditou, por não ser representativa, por não permitir a participação e não oferecer uma direção socialmente valorizada.

Naquele movimento social, sem dúvida, pode-se não fazer *a política*, mas certamente se faz *uma* política.

De modo análogo, a Igreja, mesmo não sendo uma instituição política – prerrogativa do Estado secularizado –, sempre sustenta a proposta de fazer política, oferecendo um nível de atuação em que procura traduzir anseios e interesses sociais. Ela não pretende o poder institucional – o governo –, mas um poder político.

Existem, portanto, em um mesmo instante, várias políticas, ou ao menos várias "propostas políticas" na sociedade. Em decorrência, há uma situação dinâmica em que as diversas propostas relacionam-se entre si e com a trama social a que procuram conferir uma expressão política.

Situação dinâmica essa que implica dois tipos de questões básicas. Em primeiro lugar, a focalização do movimento histórico de inter-relacionamento das diversas políticas, em que se determina a preponderância de uma delas – a chamada "política hegemônica" – ou a situação delicada – que é o que se denomina de "crise política" – em que nenhuma consegue impor-se. Ou então em que uma já perdeu a sua sustentação, mas nenhuma outra possui fundamentos suficientes para se tornar uma alternativa. Em segundo lugar, cabe dedicar-se com especial carinho à própria conjuntura em que se desenvolve uma política como expressão de certas situações em sociedade. Em outras palavras, como algo que não tem, passa a ter significado político.

Essas duas questões se encontram. Basta examinar estes agentes políticos por excelência da sociedade moderna que são os partidos. É certo que fazem parte do nível político institucional, e como tais se inserem na disputa pela primazia no controle do governo e na ocupação do aparelho estatal. Porém, também são partidos de alguma coisa, de determinados interesses em relação aos quais têm compromissos. São esses compromissos justamente que lhes conferem significado, e em relação a estes devem traduzir uma importância no jogo parlamentar. A política dos partidos, portanto, tem duas faces: uma em relação à sociedade e seus interesses; outra como política de disputa do governo.

As palavras inglesas *policy* e *politics,* embora não traduzam precisamente os dois níveis em questão, são elucidativas. Um partido à testa do governo executa uma *policy* nas relações com os outros países, ou no que diz respeito à saúde, aos transportes, à educação; a palavra tem mais a ver com a administração dos negócios públicos, com realização de interesses sociais. Enquanto participa do debate parlamentar, ou da disputa pelo governo institucional, um partido está no terreno da *politics.*

A questão é complexa. Não resta a menor dúvida, porém, de que na esquina da vertente institucional com a vertente social encontra-se talvez o maior dos desafios políticos. Dois exemplos poderão servir para situar o problema.

Como explicar – e isto vale sobretudo para os países chamados capitalistas – que nas sociedades contemporâneas mais estáveis e portanto não ameaçadas em sua institucionalização política, em seu governo, não se eliminem os bolsões de pobreza apesar de há muito se ter atingido um nível de riqueza que objetivamente permitiria fazê-lo? Rompem-se desta forma os compromissos das instituições com a representação social, a cujos interesses não atendem, embora pudessem fazê-lo.

Como explicar – e isto vale sobretudo para os países chamados de socialistas – que em lugar algum onde se tenham firmado políticas de cunho social – educação, emprego, saúde, alimentação, transporte para todos – tenha sido possível institucionalizar formas de governo que não se sintam sempre ameaçadas, e que por isso mesmo limitem a participação social? Se os interesses sociais são atendidos, por que temer a mais ampla participação nas instituições que deveriam representar a sociedade?

O poeta e o libertador

Ainda uma pequena digressão. Que seja apenas pela tradição das próprias análises do tema, as questões políticas têm sido quase sempre enfocadas num prisma que privilegia unicamente o coletivo social. Não há por que divergir da concepção segundo a qual o homem é um ser social – razão de ser, aliás, da própria atividade política – e que a existência individual apresenta-se como consequência desta especificidade dos homens.

O que não basta, porém, para explicar a frequente sensação de camisa-de-força com que a política é encarada pelas pessoas em suas atividades individuais, quer na vida do artista, do profissional competente ou do apaixonado no banco de jardim, quer na do próprio sindicalista ou na do "político", que encerram seu expediente diário como se se despissem de um pesado fardo.

A atividade política passa a ser uma espécie de mal necessário, uma atividade social transformadora pela qual se visa a realizar certos fins utilizando-se de determinados meios. Enfim, um instrumento de que há precisão na vida em sociedade.

Isto me parece correto, embora parcial. Transpira um certo objetivismo de realização de metas maiores, relativas a interesses sociais. Estes podem ir do bem-estar comum à capacidade de oferecer segurança externa e concórdia interna à sociedade, associadas à organização e controle das atividades do conjunto da vida social, como funções atribuídas comumente ao Estado e à vida política, para justificar e explicar a sua existência. Ou então a perspectiva de operar mudanças através do assalto ao poder político seria um fim que justificaria qualquer meio, submetendo hierarquicamente todas as atividades envolvidas à nobreza da sua finalidade.

Por oposição a esta "objetividade" das tarefas políticas, sugere-se a existência de instâncias e valores "subjetivos" devidamente enclausurados à parte e subordinados à política, cuja satisfação deve aguardar a realização da utopia, ante o risco que significa o abandono das prioridades sociais efetivas.

À atividade política caberia privilegiar o estudo e a transformação das condições objetivas na sociedade que permitissem renová-la estruturalmente, com novas relações sociais e políticas, de modo a permitir então a plenitude da vida individual.

Mas, com a água com que se pretende lavar os interesses sublimes das suas impurezas profanas, joga-se a criança. A esta, por mera referência à pretensão da objetividade, acima assinalada, pode-se chamar de condições subjetivas. Como realizar um sentido social-político, se há um fosso a separá-lo do sentido individual-humano, cuja travessia requer esforços nem sempre radicados na vida real no seu desenrolar cotidiano?

Como conciliar, diria alguém, as minhas escolhas individuais com as minhas escolhas políticas? E isto não vale só para a relação entre os amigos e os companheiros de militância; serve também para o trabalhador que quer melhorar o seu salário e precisa ser mobilizado para uma luta política mais ampla, cujas metas muitas vezes pouco significam ao seu dia a dia. Como assentar as possibilidades da luta de classes nas necessidades efetivas dos homens? Como casar a necessidade de canalizar esforços em conjunto, com a diversidade das possibilidades individuais?

Em nome de quê sustentar uma vontade que pode implicar no sacrifício do desejo? Talvez mostrando a

O alienado: inconsciente do fato de ser ele mesmo, homem, que produz as coisas, as relações entre os homens, e que portanto produz a si mesmo.

falsidade desse desejo, e acenando com a realização futura em maior profundidade. Com o que claramente não se consegue apagar o esforço consciente que faz do engajamento na atividade política uma opção voluntária, acompanhada do abandono de uma faceta substantiva da individualidade.

Certamente as condições objetivas determinam as condições subjetivas. Marx mostra como o modo de produção capitalista submete de um modo tão universal a sociedade, que as próprias relações entre os homens surgem como relações "coisificadas" entre o capital e a força de trabalho. Em vez de as "coisas" servirem às pessoas, estas acabam achando que servem às coisas. O homem distancia-se, alheia-se em relação ao significado, ao valor que as coisas, os outros homens e ele próprio têm para si mesmo. Sua própria vontade e seu desejo submetem-se ao mecanismo inexorável da reprodução capitalista. Tornando-se um homem "alienado", inconsciente do fato de ser ele mesmo, homem, que produz as coisas e as relações entre os homens, que produz a si mesmo. Oculta-se o seu papel de elemento dinâmico principal, de produtor da história. A própria atividade política aparece como relação entre eleitor e eleito, entre Estado e cidadão, e seu aspecto próprio de relação humana se perde. Embora o sujeito da política seja o homem, a política é a política da luta de classes. A moral que rege a vida individual acaba submetendo-se ao capital – é preciso ganhar mais – ou às regras do governo – isto é censurado, aquilo é proibido.

Para restaurar a verdade seria preciso uma transformação prática, uma análise científica que revele estes fatos como consequências de determinadas políticas que também servem ao capital e não aos homens. Se o problema é político, a política pode mudá-lo.

Mas as condições subjetivas não são apenas determinadas pelas condições objetivas. Elas têm um componente real, que não desaparece simplesmente ao jogá-lo mais adiante. E, por este seu componente real, influenciam também as próprias situações "objetivas", que deste modo passam também a ter uma existência apenas relativa. A social-democracia, com o seu sindicalismo apenas reivindicativo, realizava interesses efetivamente existentes, cuja satisfação delegaria a um segundo plano o mundo das promessas. O liberalismo capitalista satisfaz de fato a muitas aspirações individuais, que não são apenas enganos ou desejos impossíveis. Qualquer proposta política transformadora que negasse a valorização do sentido humano da existência individual, ou a submetesse a uma valorização exclusiva do coletivo, que significasse um fardo para o indivíduo, só conseguiria como adeptos os fanáticos. Para estes a leitura dos manuais substituiria a felicidade real. À solução política deve associar-se necessariamente uma solução civilizatória voltada à realização de interesses humanos.

Seria isto utópico? Ou haveria a possibilidade de associar os meios políticos – coletivos – a objetivos que valorizem no homem a sua individualidade e a sua especificidade? Para Marcuse, na relação dos meios com os fins é possível encontrar uma nova ética, em que os valores não são descartados apenas como meros hábitos impostos por um modo de produção e sua política, nem submetem o indivíduo ao isolamento das qualidades meramente pessoais.

Platão, no *Banquete,* põe na boca de Sócrates a realização do futuro eterno no amor presente pela paternidade. Sartre lembra que, para a burguesia do século XVIII, o sentido da vida estava em legar um capital a seus filhos. Para Sartre, o sentido estaria em saber que as causas pelas quais lutava continuariam a motivar os homens, que valorizariam o seu papel como contribuição. Servir para nada no futuro tornaria sem sentido humano o presente.

Deve também haver realizações já no cotidiano imperfeito do presente, em uma política voltada à realização do paraíso futuro. Há uma mediação entre o privilégio ora atribuído à experiência da razão – que diz: não é possível –, ora à imaginação do desejo – que diz: é possível. "Sonhar é preciso, desde que realizemos o sonho meticulosamente e o confrontemos passo a passo com a realidade", disse Lênin. Para Max Weber "a política consiste num esforço tenaz e enérgico de furar tábuas duras de madeira. Este esforço exige simultaneamente paixão e precisão... não se poderia jamais esperar o possível se no mundo não houvesse sempre a esperança no impossível... é preciso que as pessoas se armem sempre da força da alma que lhes permitirá ultrapassar todos os naufrágios das esperanças, mas que o façam desde o presente, senão não serão capazes de fazer o que é possível ser feito hoje. Aquele que está convencido disto (...) possui a vocação da política!".

A própria atividade política, longe de ser apenas voltada a uma transformação do "mundo objetivo" com vistas ao futuro, significa, também, o exercício de uma atividade transformadora da consciência e das suas relações com o mundo. Assim as próprias propostas políticas são repensadas em cima do que elas tem a oferecer já, aqui e agora. Em termos que lhes conferem um significado humano imediato real, sem que isto signifique o abandono de perspectivas mediatas para o futuro como metas necessárias. "A política do corpo", por exemplo, ao exigir a valorização de algo tão individual como o corpo humano enquanto fonte e condição de bem-estar e prazer, puxa para o cotidiano finalidades frequentemente jogadas ao além. Para ser feliz não é preciso antes construir o socialismo. A meta por enquanto irrealizável já tem componentes possíveis, que devem ser condições, e não resultados. A medida com que estas "pequenas coisas" são praticáveis, não deve mais ser estranha aos critérios de avaliação de políticas menos imediatistas.

Manifestações como as de maio de 1968 em Paris – que ocorreram também em praticamente todo o mundo – tinham como razão de ser não a oposição pura a determinadas instituições, nem a realização de projetos alternativos futuros. Expressando o descontentamento profundo e a imobilidade geral a que a maioria dos homens foi condenada em face das amarras de um determinado tipo de participação política institucionalizada, os manifestantes procuravam um papel, no presente, que não limitasse apenas ao futuro distante qualquer realização de significados humanos, já tão espoliados pelas imposições do esforço exigido pelas "condições objetivas". Que pode alguém fazer hoje, e como pode realizar algum significado humano na sua atividade, num país onde os políticos se revezam num poder aparentemente imóvel e inacessível, onde o próprio emprego, quando acontece consegui-lo, significa uma amarra para toda a vida, onde a ciência apenas banaliza e castra a imaginação criativa e transformadora, onde os valores morais submetem-se a uma ética consumista, alienando as relações humanas em seu conteúdo mais profundo?

Por isto, nos movimentos sociais emergentes no Brasil, muitas vezes não se procura só canalizar esforços comuns para obter objetivos ainda não existentes – por exemplo: alterações na política trabalhista do governo através do movimento sindical. Na prática cotidiana, a atividade política assume a perspectiva de realizar dimensões humanas mais profundas no relacionamento pessoal, com o respeito à diversidade individual e a crítica a formas pre-determinadas de conduta. Sem isto, desvincula-se a realidade do dia a dia do espaço de atuação política.

A democracia, longe de se esgotar nos fins, já precisa se apresentar nos meios. A tão difundida ideia de que há necessidade de juntar esforços, apagando diferenças, para realizar metas em que a diversidade possa, enfim, se desfraldar, no respeito aos interesses da individualidade, adquire uma nova conformação. A reunião num coletivo de individualidades diferentes precisa assentar no respeito à diversidade dos interesses isolados. Cria-se assim uma nova dimensão social, em que a diversidade apresenta-se numa prática política que relativiza as arestas mais ásperas do confronto de interesses, na medida em que as consciências se transformam, e com elas os próprios objetivos individuais. A democracia passa a se interiorizar como uma conduta pessoal, de modo que as escolhas pessoais possam encontrar-se com as escolhas políticas.

Isto pode parecer um novo ardil do Estado. A experiência do poder totalitário de propostas políticas assentadas na mobilização popular também sugere a necessidade de uma transformação das consciências individuais. Sob o nazismo, Hitler facilmente conseguia apoio majoritário, porque acrescentava à sua proposta política uma proposta cultural em que se interiorizavam na própria consciência individual os moldes autoritários. Por outro lado, sabe-se que muitas alternativas democráticas não se firmaram – e muitas ainda têm dificuldade em se firmar –, transformando-se em apêndices de instituições coercitivas, por não conseguirem revelar o encontro de seu significado político com o seu sentido humano. As garantias políticas coletivas não se expressam com igual abrangência no cotidiano em que se desenvolvem os interesses pessoais.

Isto revela o encontro profundo existente entre *propostas políticas* e *propostas culturais,* para que se possa reunir a história das transformações no "mundo objetivo" com a história das transformações da consciência. Uma cultura pode tornar-se predominante, institucionalizando-se e refluindo sobre a sociedade com as viseiras impostas pelo poder que se considera legal. Mas pode, também, encontrar-se na sociedade, expressando seus significados humanos, para condicionar as alternativas políticas. Aqui o papel dos intelectuais é de grande relevância: em suas mãos pode adquirir força política de direção para a sociedade o complexo conjunto de manifestações culturais.

Preso às determinações do aparelho institucional político, ou porta-voz das manifestações culturais sociais, cabe à figura do intelectual a importante tarefa de ser mediador entre interesses individuais e coletivos. Ele pode formular propostas que permitam, já, a *confluência de uma política voltada a objetivos culturais no futuro e de uma cultura que confira um sentido humano atual a esta política. Os intelectuais são personagens a um termo políticos e culturais,* conferindo representação cultural à política, e direção política à cultura. Talvez, como sugeriu Gramsci muitas vezes, façam no futuro um papel semelhante ao desempenhado pelos Partidos Políticos, os agentes da mediação entre a expressão política e a sua demanda social.

Falando sobre a crítica literária e seus critérios, Gramsci formula com precisão este espaço de atuação:

"O político que pressiona para que a arte contemporânea expresse explicitamente o mundo cultural, realiza atividade política, não de crítica artística; se a sociedade cultural pela qual se luta é algo latente e necessário, sua expansão será irresistível e encontrará seus próprios artistas... por outro lado, é necessário não esquecer que... o literato deve necessariamente ter perspectivas menos precisas e definidas do que o político, deve ser menos 'sectário', e ser mesmo o 'contrário' disso. Para o político, toda imagem 'fixada' *a priori* é reacionária, pois considera todo movimento em seu devenir. O artista, em troca, deve ter imagens 'fixas' e situadas de forma definitiva. O político considera o homem como é em seu momento e como deve ser para alcançar determinado fim. Seu trabalho consiste em fazer os homens marcharem em frente para sair da sua existência atual e porem-se em condição de alcançar coletivamente os fins propostos; ou seja, 'adaptarem-se' a estes fins. O artista representa necessária e realisticamente 'o que existe' de individual, não conformista etc., em certo momento. Por isto, do seu ponto de vista, o político sempre achará o artista... à mercê dos tempos, anacrônico, superado pelo devenir real".Gramsci interroga no homem, a um só tempo libertador e poeta, a ambiguidade profunda com quese defronta em seu cotidiano. Sem propor uma conciliação, formal e abstrata, provoca o tema gerado por uma fragmentação concreta e real. Como encarar nosso "tempo de partidos, tempo de homens partidos", nas palavras do poeta Carlos Drummond de Andrade? A história oferece algumas pistas que enriquecem o presente. Portas abertas que não precisam mais ser arrombadas. Cada leito trilhado é uma razão a mais para desafiar a imaginação, como um novo leque de possibilidades abertas que, se não conduz a linha a ser traçada, ao menos lhe ilumina o pano de fundo.

UMA VISÃO HISTÓRICA

O que a política significa aqui e agora é resultado de um longo processo histórico, durante o qual ela se firmou como atividade na vida social dos homens. Seguindo as pegadas deste trajeto é possível perceber as mudanças na sua concepção, privilegiando ora um, ora outro de seus aspectos, de acordo com cada situação.

Talvez mais importante do que isto seja a conclusão a que aponta: a de que a atividade política continua em movimento, aberta a novas transformações. Embora alguns de seus ingredientes, algumas formas pelas quais a política se apresenta como o Estado e os partidos – sejam manifestações mais ou menos duradouras, nada impede que modifiquem seu caráter ou até mesmo deem lugar a outras formas, sempre que não correspondam mais aos motivos que provocaram sua existência. A grande desmoralização da "política oficial" no presente – em que progressivamente se desacredita da capacidade de resolver problemas institucionalmente – leva a atividade política, por exemplo, a se refugiar cada vez mais fora da atuação das instituições. Concentra-se no plano já usualmente denominado de "política de base", fora e dentro de casa, nos locais de trabalho e no cotidiano. Esta constitui uma aquisição relativamente recente, basicamente do século XX, e será neste plano que deverão se manifestar as grandes transformações para o futuro. Pensar a política atualmente já não significa limitar-se ao estudo do Estado ou dos partidos, como ainda acontecia no século XIX, mas repensar as necessidades do passado que levaram a constituir estas instituições. Os movimentos sociais e a política de base passariam a adquirir importância decisiva, como agentes políticos tão necessários como o próprio governo ou os partidos. O que interessa mesmo é resguardar a atividade política, sem preconceitos quanto a como, quando e onde ela se apresenta.

Atividade política de gregos e romanos

Falar em Grécia é falar em democracia. Atenas, a "Constituição" de Sólon, os grandes debates na *ágora – praça em grego –, a época de Péricles etc. De vez em quando, lembra-se Esparta, o seu espírito bélico* e o ascetismo da sua vida cotidiana, "espartana". Esta seria uma espécie de "contraponto" da democracia ateniense. Por vezes se menciona também o fato de a sociedade grega basear-se no trabalho escravo, o que exigiria uma ordem autoritária. Há ainda quem fale de Platão, que teria postulado em sua *República* a censura às artes em nome da saúde do Estado. Nada disto, porém, impede o prestígio dos gregos como "precursores" da democracia.

Por quê? As causas disto devem ser procuradas mais no significado que a atividade política assumia na Grécia, do que nos méritos da opção por uma ou outra forma de governo: tirania, monarquia, democracia. O termo "política" foi cunhado a partir da atividade social desenvolvida pelos homens da *pólis,* a "cidade-Estado" grega. Em outros locais, como na Pérsia ou no Egito, a atividade política seria a do governante, que comandava autocraticamente o coletivo em direção a certos objetivos: as guerras, as edificações públicas, a pacificação interna. Na Grécia, ao lado destas atribuições do soberano, a atividade política desenvolver-se-ia como cimento da própria vida social. O que a política grega acrescenta aos outros Estados é a referência à cidade, ao coletivo da *pólis,* ao discurso, à cidadania, à soberania, à lei.

Duas referências de Platão e Aristóteles, que não eram a favor da forma democrática de governo, mas estavam imbuídos deste significado da política, esclarecem a questão. Para Platão, o político não se diferencia dos demais homens por nenhuma qualidade – como a força – a não ser por conhecer melhor os fins da *pólis,* oferecendo uma luz que guie os homens entrevados nas sombras da caverna. Para Aristóteles, na *Ética a Nicômaco,* como "a política utiliza-se de todas as outras ciências, e todas elas perseguem um determinado bem, o fim que ela persegue pode englobar todos os outros fins, a ponto de este fim ser o bem supremo dos homens". Estas preocupações, de como "oferecer uma luz" ou "o bem supremo" aos homens, e não apenas agir em nome deles na direção dos negócios públicos, constituem uma grande novidade. Através dela se forma um espaço de presença da política no cotidiano e se abre um terreno à participação política fora do âmbito restrito do exercício do governo. Esta forma de entender a atividade política como uma experiência que se reflete na vida pessoal, harmonizando-a com o coletivo, faz da política grega uma ética, um referencial para o comportamento individual em face do coletivo social, da multiplicidade da *pólis*.

Sendo ética, a atividade política tem uma função pedagógica, de transformação dos homens em cidadãos: a *Paideia*. Por sua vez a atividade do soberano, do chefe, passa a ser atividade de uma função definida pelos cidadãos, os políticos: a soberania, cuja definição seria estabelecida pelas leis. O espaço de participação, antes restrito à prática do soberano, amplia-se para a prática da soberania exercida pelos cidadãos, sejam ou não governo. Neste espaço se desenvolvem as discussões públicas, a prática pública do discurso voltado ao convencimento, o conflito entre as diversidades. Não somente o Estado, o governante executivo, mas também a cidade, reunião de cidadãos, adquire significado, participa politicamente. No palco das relações entre ambos definir-se-ia a política grega como um todo.

Roma é imperial. Não foi à toa que os nazistas copiaram a saudação *Ave César* com o seu *Heil Hitler;* nem constitui mero acaso que a marca do imperialismo ianque seja a águia romana. Esta simbologia seria apenas reflexo da influência de um modelo de atividade política centralizada e exercida por um Estado forte e dominador.

O historiador Theodor Mommsen, em pleno auge do imperialismo alemão no começo do século XX, afirmava que a diferença entre Roma e Grécia estava em que os romanos usavam sobrenome: os Gracos, os Antoninos, nomes de famílias ou clãs. Contrariamente à dos gregos, a política dos romanos seria voltada a objetivos manifestadamente particulares: os interesses das *gens* originais, que precisavam resguardar seu monopólio sobre as riquezas saqueadas ou a exploração da terra. A palavra "pátria" revela ainda esta origem familiar, a partir do *pater* famílias; os nobres romanos seriam os "patrícios", os proprietários.

Além destes, havia os escravos e os que só tinham sua prole, os proletários.

Para Cícero, "O bom governante é como o tutor que zela melhor pelos interesses dos seus pupilos do que pelos seus próprios". O Estado romano seria assim um administrador que tutela interesses dos patrícios, impondo os objetivos deste aos demais, seja pelos tributos – "impostos" –, seja para aqueles servirem de instrumentos de saque, como guerreiros. A atividade política, além desta dominação exercida pelo Estado, diria respeito à relação entre tutor e pupilos, e seria efetuada mediante um instrumento: o direito romano. Por este se garantia a nãointerferência do Estado na propriedade privada, nos interesses patrícios, a não ingerência do público, coletivo, no particular.

O Estado moderno, superdimensionado, servindo para impor interesses particulares e setoriais ao conjunto da sociedade, mas que não mantém com esta nenhuma outra relação como agente de realização do "bem comum" – como Tomás de Aquino batizaria o "bem supremo" de Aristóteles –, tem seu modelo em Roma. O significado que a atividade política assume não teria a ver com as relações cidade-Estado – por isto Roma não era uma *pólis* –, mas sobretudo com o jogo entre tutores e pupilos – militares, burocratas e burguesia – e as suas práticas de manipulação, corrupção e repressão. Em Roma a atividade política concentra-se na disputa pelo poder de tutela do Estado, como Instituição a serviço de interesses privados.

A atividade política passa a se transferir das "coisas públicas", da República – *res-publica,* seu objetivo original – para a instituição em que se realiza – "o *estado* das coisas públicas", expressão que aparece relatada com o jurista Ulpiano no século III d .C.

A política institucionaliza-se numa esfera autônoma, paralela à atividade social: no Estado.

Por que caiu o império romano? Esta é uma das grandes questões da história política. Não havia nenhum outro, ele era único; portanto, à primeira vista, deve ter caído porque se tornara fraco, isto é, nele mesmo estariam as causas de sua falência.

Este é o grande equívoco de uma visão de atividade política exclusivamente baseada numa concepção institucional, em que possui significado apenas a prática que diz respeito ao Estado, no caso o único existente, o romano.

Por esta perspectiva, um governo só mudaria quando ele mesmo não conseguisse se sustentar. É a estratégia dos adeptos da "crise" do governo, que enxergam numa cisão entre militares, na queda de um ministro ou numa disputa entre burocratas motivo de regozijo.

Gramsci, examinando a queda de Roma, mostra como ela se deu em parte devido a abalos e crises políticas do próprio império. Mas, principalmente, porque outras forças fora do seu alcance adquiriram um significado político que o destruiu: os povos bárbaros, que não eram propriamente adeptos da via institucional, do "debate parlamentar".

O expansionismo do império baseado na dominação de vencedores sobre vencidos – o clássico "Vim, vi e venci" de César – deixava um grande espaço ao desenvolvimento de formas de participação fora do plano institucional do Estado. Brechas que seriam cobertas, em Roma, pela difusão da atividade religiosa cristã. Esta não tardaria em adquirir também significado político como cimento entre os interesses cotidianos e os objetivos públicos, institucionalizando-se ao lado do Estado como Igreja.

Durante a Idade Média, a atividade política, se apresentaria nesta duplicidade de "poder político" – exercido pela nobreza – e de "poder civil" exercido pelo clero religioso. Configurar-se-iam duas funções específicas: a da dominação, pela força; e a da direção, pela persuasão ou convencimento. Para atender a estes papéis, a atividade política exigiria uma nova forma: uma nova concepção de Estado, a um tempo dominador e dirigente. Para corresponder a esta nova forma seria necessário um novo agente, que Maquiavel denominaria de "príncipe", o governo do Estado.

Maquiavel e o Estado

A política adquire maioridade quando se passa distinguir Estado de governo. Esta seria a lição de Maquiavel (1469-1527). Com razão o maquiavelismo sempre é lembrado quando se tornam claras as artimanhas realizadas por um governo que quer se manter a todo custo com o controle do Estado. Pode fazê-lo pondo tanques na rua, realizando obras faraônicas, procurando tornar-se simpático, adiando eleições ou emitindo "pacotes" de decretos ou leis. Do mesmo jeito, *O Príncipe* é livro de cabeceira para todos os setores que não são governo, mas querem sê-lo, e dos que são e querem continuar sendo.

O governo é o agente da atividade política de um Estado. Sendo um agente da política, esta impõe as condições e as exigências. Para ser governo, é preciso se subordinar à lógica própria da atividade do Estado, em todos os seus detalhes. Esta é autônoma em relação ao seu agente, que precisa conhecê-la em detalhes, porque depende dela. Através do seu agente, a atividade política do Estado realiza-se concretamente, pelo exercício do poder do governo. O acesso à atividade política, portanto, depende da capacidade de se tornar agente. O nobre se torna nobre na medida em que se torna agente de uma atividade nobre: a política. O livro de Maquiavel é um conjunto de lições para que se conquiste ou mantenha um principado. Independente de se adquirir o principado por roubo, por herança ou por mérito, a sua posse faz do seu agente um príncipe. Não é o nobre que faz política, mas a política que faz o nobre assim como a religião faz o monge, a guerra faz o militar e o trabalho define o trabalhador.

Sangue se herda, virtude se adquire; e o que caracteriza o príncipe é a virtude. Neste sentido as considerações de Maquiavel fazem da política algo acessível a todos. A política passa a ser a "arte do possível". Abre-se a perspectiva de ser governo a setores cuja atividade não tem significado político, mas pode vir a tê-lo conforme a eficiência que demonstrarem. Na verdade, a teoria política de Maquiavel corresponde aos anseios de adquirir influência por parte da burguesia mercantil, desprovida de significado numa estrutura monárquica. Adquirida esta influência no poder do Estado, pela ocupação do governo, seria possível usar esta instituição para representar os interesses da burguesia, submetendo-lhe toda a política da sociedade em seu conjunto. Locke, o principal teórico da revolução burguesa na Inglaterra, em que interesses burgueses assumiram o governo sem destruir a forma do Estado monárquico, afirma: "O que nos oferece o governo civil? Fornece leis, fornece juízes, e nos fornece uma política". Em outras palavras, fornece instrumentos de poder que permitem que "nossos" interesses se transformem numa orientação política para a sociedade.

No entanto, mesmo servindo como uma luva especificamente aos interesses da burguesia, as propostas de Maquiavel pretendiam ter validade geral. Cervantes, em seu *Dom Quixote,* procura levar ao extremo esta intenção, quando mostra como até mesmo o desconjuntado escudeiro Sancho Pança poderia desempenhar o papel de governador de uma ilha. Bastaria que cumprisse alguns "conselhos": não arrotar e ensinar bons modos à mulher...

O agente político seria despersonalizado, e levaria adiante o processo da atividade política independentemente, submetendo às suas regras o destino pessoal de quem ocupasse o seu cargo. O caso Wartergate, que resultou na queda do governo Nixon, constitui um exemplo típico. Nixon seria o Macbeth moderno, o herói trágico de Shakespeare que assumiu o trono manchado pelo sangue do assassinato do rei, para entrar numa escalada de terror de que não mais conseguiria sair e que lhe custaria a própria vida.

O príncipe de Maquiavel não é nem bom, nem mau, ele é virtuoso quando executa com eficiência seu papel político, quando desempenha eficazmente o poder do Estado, seja pela corrupção da riqueza ou do favor, seja pelo crime ou pela coerção militar, seja por ser amado pelos súditos. A virtude do príncipe estaria na força e na astúcia com que governa, e não na justiça em relação aos governados. Napoleão, referindo-se à conduta de um governante que gerara impopularidade para o Estado que dirigia, exclamaria: "isto é mais do que injusto; isto é um erro". Seus critérios são científicos, por isto sua ação dependeria de um estudo minucioso da natureza da atividade política e de seus instrumentos na instituição do Estado tal como se apresentavam na época. Seria neste sentido que Montesquieu elaboraria uma análise empírica dos famosos três poderes: o Executivo, o Legislativo e o Judiciário, tornando seu funcionamento acessível à burguesia.

As condições de se ser virtuoso seriam a base que torna possível ao príncipe assumir um significado político, ser uma alternativa viável de governo. "Um príncipe sábio, amando os homens como eles querem, e sendo por eles temido como ele quer, deve basear-se sobre o que é seu e não sobre o que é dos outros". A burguesia dependia de sua própria astúcia e força, e não podia contar com a fraqueza dos outros setores. Analogamente, o proletariado precisaria repousar na sua própria capacidade de organização e mobilização, para se tornar um agente político. Mesmo antes de se tornar governo, ele procuraria reunir sua força em estruturas partidárias. Neste sentido, para Gramsci, o príncipe moderno é o partido político cuja meta é ser governo, assumir o poder do Estado. Qual seria esta base em que se poderia manifestar a "virtude" necessária para se tornar um agente político, um "príncipe"?

Seriam as classes sociais, como revelaria Marx.

Marx e as classes

Há uma unanimidade em afirmar que o Brasil é um país capitalista; no entanto, quem está diretamente no governo não são capitalistas ou burgueses, mas "políticos" e burocratas e, até pouco tempo, militares. Como é isso? Qual é a questão maior; que o país é capitalista ou que é governado por militares? Ou ambas?

Marx (1818-1883) foi o primeiro a estudar este problema em profundidade e resolver em definitivo seus aspectos básicos: as relações entre política e classes. Com Maquiavel, a questão do governo é deslocada para o Estado; com Marx, a questão do Estado seria transferida para as classes.

O governo é de um Estado, portanto precisa se submeter à lógica das atividades políticas exercidas nos moldes deste Estado. A questão básica para Maquiavel seria a das condições de ser governo, o que o levaria a estudar o Estado. Para Marx, e esta seria sua grande novidade, o Estado representa uma classe, e precisa submeter-se ao comportamento e aos interesses manifestados nesta classe. Nesse sentido, a preocupação fundamental estaria em estudar as classes e as contradições entre elas.

O que isto tem a ver com a atividade política? O espaço onde ela é realizada deixa de ser exclusivamente relativo ao Estado, para ser ela também praticada no plano das classes: na luta de classes.

A existência das classes "sociais" e das relações de luta entre elas não foi descoberta de Marx. Sua inovação foi atribuir a estas classes "sociais" um significado político sem transformá-las em "classes "políticas", de suporte à atividade política nos moldes do Estado; ao contrário, levando a atividade política ao plano social, à sociedade. Para Marx, a "política" é a atividade que resulta da luta entre as classes "sociais". Diz ele: "Que é a sociedade, qualquer que seja a sua forma? O produto da ação recíproca dos homens. Podem estes escolher livremente esta ou aquela forma social? Nada disso. A determinadas fases de desenvolvimento da produção, do comércio, do consumo correspondem determinadas formas de organização social, uma determinada organização de família, das camadas sociais ou das classes; em síntese: uma determinada sociedade civil. A uma determinada sociedade civil corresponde um determinado tipo de Estado político, que não é mais do que a expressão oficial daquela".

Se o Estado político, cujo agente é o governo, constitui uma expressão da sociedade, das relações entre suas "classes sociais", então a questão básica de Maquiavel, "como os governados podem tornar-se governantes", passaria a ter uma outra forma: "como as classes dominadas podem tornar-se classes dominantes"?

A necessidade de estudar as relações entre governantes e governados daria lugar, como cerne da própria atividade política, à análise das relações entre classes dominantes e classes dominadas, entre exploradores e explorados. O estudo do funcionamento destas relações ocuparia a maior parte da obra de Marx, desde O *Manifesto Comunista* até O *Capital.* Seu resultado é que estas relações seriam determinadas, na sociedade capitalista que examina, pela propriedade ou não dos meios de produção material. O dono da fábrica pertence a uma classe; aquele que precisa trabalhar nela pertence a outra. O proprietário da fazenda é de uma classe; o camponês, de outra. A atividade política em Maquiavel precisaria levar em conta a lógica, as regras próprias das relações entre governantes e governados. Da mesma maneira, a atividade política em Marx precisaria levar em conta as relações entre as classes, a lógica do capital e da força de trabalho.

Levar em conta que o país é capitalista abre à atividade política um espaço além daquele em que sua atuação estaria restrita às relações governantesgovernados: o das relações de classe social. Um espaço mais presente no cotidiano da esfera do trabalho, em que este significado de classe da política é exercido permanentemente, nos sindicatos, nas associações classistas. Estas seriam as primeiras formas de uma "política de base social".

Por outro lado, como os interesses capitalistas são garantidos pela própria estrutura do Estado de classes, o governo, como agente deste Estado, não precisaria ser necessariamente ocupado por capitalistas. Isto quer dizer que há várias formas de governo possíveis para um Estado capitalista. Estas podem oscilar entre as ditaduras militares, o autoritarismo fascista e democracias mais liberais. Isto abre um novo espaço à atividade política, enquanto ela teria por meta imediata as formas de governo, e não a estrutura de classes. É a questão fundamental da representação política.

Lutar contra uma ditadura não significa lutar contra o capitalismo; porém o combate ao capitalismo é conseqüência de uma posição quanto às formas autoritárias de governo.

A atividade política precisa ser adequada à lógica da luta de classes, que aponta para o socialismo como solução para os problemas do capitalismo (miséria, desemprego, recessão etc.). Além desta, resta uma grande questão: realizar este socialismo com uma forma democrática de governo. O marxismo revela que o socialismo é necessário, pois corresponde à lógica das relações de classe. E transfere o problema político à vinculação entre questões sociais – miséria – e formas de exercício do poder – violência, representatividade, democracia.

O problema apontado por Marx conduziria a um novo espaço para a atividade política. Se a opção de classe – Estado capitalista ou socialista – é necessária, e se impõe na sociedade pelas relações do mundo do trabalho, o campo aberto à política seria o da vinculação destas posições de classe com formas de governo. Como relacionar capitalismo ou socialismo com autoritarismo ou democracia? A opção de classe é autônoma, independe da vontade. Ninguém é assalariado porque quer. O que isto implica quanto às posições políticas? O que resta à atividade política, se ela é determinada numa estrutura de classes? O socialismo é necessário porque a democracia é o objetivo. Como fazer com que um agente de classe como um partido político – seja voltado à democracia? Ou será que ele não pode ser democrático enquanto for um agente do socialismo que existe num Estado capitalista? Que reflexos isto traz para a própria concepção de agente político – seja ou não partidário – limitado pela imposição da atividade institucional de um Estado capitalista? Primeiro o socialismo, depois a democracia? Ou vice-versa? Ou ambos simultaneamente? Este é o problema básico, aqui e agora.

ATIVIDADE POLÍTICA, ESTADO E COTIDIANO

O que significa a política na atualidade brasileira? Que papel ela ocupa na vida das pessoas aqui e agora? Seria uma atividade confinada ao mundo dos iniciados, os "políticos", reservada a situações especiais? Ou diz respeito à vida prosaica dos homens "comuns", no seu cotidiano?

Nem tanto ao mar, nem tanto à terra. Primeiro porque há muito se faz política, e alguns ensinamentos permanentes e definitivos é possível tirar desta história, que precisam

Lech Walessa

ser levados em conta. O governo, a presença do Estado, as eleições, os partidos estão aí, exigindo um mínimo de posicionamento de cada um. Em segundo lugar, porém, o mundo que cerca a política apresenta-se como uma constante "caixa de surpresas", não só aos menos acostumados e mais distantes, mas inclusive para os que dele se ocupam de modo "profissional", frequentemente pegos de calça curta. As revoluções, os golpes, as surpresas eleitorais povoam os noticiários dos meios de comunicação. Tudo leva a crer, inclusive, que esta imprevisibilidade torna a política interessante, porque ela significa mudança, transformação. Em suma: ação prática.

E a política é sobretudo uma atividade transformadora do real, da história. Transformação que se apresenta, a um tempo, como resultado científico, previsível e calculável, e como fruto da imaginação criadora e ousada. Ciência e arte. O golpe do movimento militar de 1964, o AI-5 em 1968, a guerrilha, a vitória eleitoral das oposições em 1974, a "Campanha das Diretas" em 1984, a revolução na Nicarágua e a "guerra das Malvinas" são fatos que adquiriram destaque justamente por serem "esperados" de um lado, e por outro por provocarem espanto, por serem "inesperados". Sem dúvida, a história "aconteceu desta forma", embora exista a convicção de que poderia ter sido "de outro modo".

Existem, portanto, várias orientações possíveis para a política, conforme atenda a esta ou àquela expectativa. No entanto só uma delas se realiza na prática, como orientação dominante. Como e por que isto acontece?

Por que, por exemplo, o governo opta por combater a inflação reduzindo salários e provocando desemprego? Por que investe em energia nuclear, e não em saúde ou educação? Por que se prega tanto a unidade contra o governo, e as oposições agrupam-se em vários partidos? Por que trabalhadores do mesmo local e da mesma categoria filiamse a partidos diferentes? Por que há quem julgue a política importante, mas não adota partido algum, como a Igreja e muitos movimentos de base?

"Os homens fazem sua própria história", diz Engels, "mas não segundo condições que eles mesmos escolhem". Dependem de certas "condições objetivas" trazidas pelo desenvolvimento histórico anterior para servirem de base à sua atividade. Apenas quando atendidas estas condições, os homens poderiam constituir agentes políticos para interferir na história.

Os problemas, portanto, parecem ser dois: 1) a atividade que se desenvolve quando existem condições para tanto; 2) a atividade voltada à constituição destas condições. Ambas são atividades dotadas de significado político.

A política resultante da atuação do Estado só existe porque tem condições para tanto. Não que ele seja o único que possua condições; só que no seu caso está provado que as tem.

Desta forma, o Estado pode revelar o objetivo da atividade política e das suas instituições, que será o ponto de partida desta análise.

Por simbolizar esta posição privilegiada, de quem já comprovou as suas possibilidades, o Estado e seu agente, o governo, são o objeto principal da disputa de todas as orientações políticas, de todos os partidos, incluindo as oposições e a situação, que tem como papel principal manter-se onde está: no poder.

Para ocupar o Estado, porém, não é necessária a vida partidária. Vide Brasil em 1964, Chile em 1973, Portugal em 1974, Irã em 1979... Mais importante do que as instituições pelas quais se realiza a política – forças armadas, partidos, organizações religiosas, sindicais etc. – e a atividade que se realiza através delas para ocupar a direção do Estado. A atividade política institucional do Estado é um conjunto de respostas a necessidades da vida social desenvolvidas pelos homens em sua história, como a organização da vida coletiva e o atendimento de objetivos comuns. Esta proeminência dos negócios públicos sobre os individuais é a causa básica para o desenvolvimento de uma estrutura de poder – a superestrutura do Estado que ordena a disciplina a base social a que corresponde. A questão vital para esta superestrutura está na sua relação com a sociedade. Para Gramsci esta relação constitui "o primeiro momento" da superestrutura, a questão central da política institucional. Tão essencial que aparece reproduzida pela própria atividade institucional, como relações entre governantes e governados, representantes e representados, dominadores e dominados, juízes e julgados, administradores e contribuintes, deputados e eleitores, dirigentes e dirigidos, "autoridades" e "população em geral".

Não só os atos do governo, dos tribunais, do parlamento possuem significado político, mas este se estende à relação que estabelecem com a sociedade de governados. Das peculiaridades desta relação se nutrem os meios da atividade política, que ela põe em cena como vinculação com sua base, e que precisam ser levados em conta para se ocupar o governo. Este deverá ser o segundo ponto enfocado.

Estes meios permitem a uma orientação política ser dominante. Nas palavras de Maquiavel, possibilitam "conquistar e manter principados". Eles são a chave para se tornar agente político. Para apreendêlos, nada melhor do que observar o comportamento do Estado, um agente comprovado.

Como ele se relaciona com a sociedade? Pelas armas ou pelos votos. No primeiro caso, é um agente da dominação, da coerção, da imposição; no segundo, um agente da persuasão, do consenso. *A dominação pela força e a direção pelo convencimento são os meios da política.* Eles são chamados, respectivamente, de "coerção" e de "hegemonia".

Quando a política reprime uma passeata, ou usa a censura, utiliza coerção. Um governo que faz propaganda de seus atos, para ganhar eleições, está procurando uma hegemonia, uma força de direção baseada no consenso, no convencimento. Quando setores oposicionais procuram galgar o governo pelas eleições, procuram apresentar-se como alternativa hegemônica; se pegam em armas, optam pela força da coerção. As invasões do Vietnã pelos EUA, ou do Afeganistão pela URSS, foram atos de coerção. O governo de Mitterrand na França e o de Reagan nos EUA foram frutos da sua hegemonia. Nem sempre estes meios aparecem puros, embora um deles acabe sempre sendo mais significativo. O movimento de 1964, no Brasil, apesar de gozar de certo apoio social, foi predominantemente coercitivo; as eleições de 1986, apesar das tentativas coercitivas do governo – legislação partidária e de propaganda eleitoral – deram-se sob a tônica da procura da hegemonia pelo voto.

Estes meios são tão característicos que lhes cabe um espaço próprio no interior da própria superestrutura de poder, conforme têm uma ou outra função. Através de cada um destes momentos da atividade política – coerção ou hegemonia – cria-se uma relação específica com a sociedade. No primeiro caso, como *sociedade política;* no segundo, como *sociedade civil*. Desta forma, a própria sociedade adquire um duplo caráter, conforme sua vinculação com a superestrutura. Na sociedade política estão a administração pública, o Judiciário e o conjunto de suas leis, a censura, a política e as forças armadas, bem como sua presença no cotidiano etc. Na sociedade civil estão os partidos, as instituições de propaganda, como a *Voz do Brasil,* mas também as escolas, as empresas, os sindicatos – patronais ou não –, as associações, os movimentos sociais e populares, a Igreja etc.

Percebe-se um nítido predomínio de atuação do governo na sociedade política, e uma presença das oposições quase exclusivamente na sociedade civil. Exatamente por isto a expressão "sociedade civil" tem sido tão usada para designar orientações políticas da sociedade divergente do governo.

A história mostra como frequentemente governados e governantes invertem seus papéis; dominados e dirigidos passam a dominadores e dirigentes.

E como tal comprovam seu significado político institucional. Como isto acontece? Para adquirir significado político institucional, é preciso antes ter significado político. Não só o governo ou os deputados são políticos, e suas relações com os que governam e representam são políticas, mas também os governados, os representados e suas atividades possuem significado político. Como se manifesta este significado político. Como se manifesta este significado e de que meios ele se utiliza para poder assumir a forma das relações utilizadas na disputa pelo poder institucional, coerção e hegemonia? Que meios específicos se usa na sociedade de governados, de dominados e dirigidos, para vir a ser uma possibilidade de governo? Esta questão será abordada em terceiro lugar.

Os agentes políticos constituem a sociedade por meio de sua organização e mobilização em torno de interesses sociais, que desta forma passam a se desenvolver com objetivos políticos, voltados que estão para relações políticas de coerção e hegemonia, para transformar em direito as reivindicações.

Mas estes agentes representam interesses da sociedade, e não respondem a demandas do Estado. Baseiam-se na sua estrutura social para serem agentes, e não no que lhes oferece a política institucional do Estado. São de certa forma independentes do Estado, a não ser enquanto precisam mostrar eficiência no desempenho das relações que o próprio Estado mantém com a sociedade. Na disputa do principado, precisam comportar-se também como príncipes. E o príncipe sábio, nas palavras de Maquiavel, "é aquele que se baseia sobre o que é seu e não sobre o que é dos outros". Os partidos que expressam claramente interesses sociais, os sindicatos, as associações profissionais, os movimentos sociais de base não tiram suas condições objetivas de assumirem significado político na disputa pelo governo – em que, no caso dos movimentos sociais, sindicatos ou movimentos de base da Igreja, não estão engajados. Repousam nas "condições subjetivas", cotidianas, de mobilização e organização de seus filiados ou militantes. Desta forma levam, por seus interesses sociais, um significado político aos agentes que constituem. Não é o deputado que passa uma parte de seu significado para o eleitor poder assumir uma atividade política; é o representado, o dirigido, o governado que atribui ao representante, ao dirigente, a função de representá-lo, de dirigi-lo, de governá-lo. Não é o governo que dá significado ao Congresso. É este que confere àquele o direito de tutelar os interesses sociais que representa.

Os objetivos da política deixam o espaço confinado da disputa institucional, para adquirirem embasamento social. Não é o confronto com o Estado que está em primeiro plano, mas a capacidade de representação de demandas sociais. Por isto palavras de ordem, como "abaixo a ditadura" dão lugar a manifestações contra a carestia e o arrocho salarial, contra a legislação sindical e o desemprego, pelo atendimento de serviços básicos como saúde, educação, transporte, moradia etc.

Esta prática seria desenvolvida sobretudo nos movimentos sociais, como atividade autônoma em relação a objetivos institucionais de disputa pelo poder. Prática que assume um significado político próprio, em pé de igualdade com o significado oficial da política do Estado. De outra forma, como explicar a importância de Dom Paulo, cardeal de São Paulo, de Lula e dos sindicalistas, da CUT e da CGT, da OAB, da ABI, da CNBB, da SBPC, da UNE, e mesmo da TFP? Sua importância reside neles mesmos, e não porque se adaptam a preceitos formulados à sua revelia, como referenciais para a política enquanto prática oficializada em corredores palacianos, oratórios parlamentares ou decisões de tribunais. Eles serão o quarto e último tema.

O Estado e seus objetivos

Por que é possível escolher entre vários partidos ou candidatos a cargos eletivos, e não é possível escolher entre trabalhar ou não trabalhar para viver, a não ser para os "ricos"?

Com esta questão atinge-se o cerne da política institucional do Estado e de seus braços no governo – o Executivo, o Judiciário, o parlamento, a polícia. Uma liberdade no exercício da cidadania – o voto – e uma imposição no nível da atividade produtiva – o trabalho.

A finalidade específica da política institucional, do prisma do Estado, é a imposição de uma estrutura econômica à sociedade. No caso atual, a imposição de uma estrutura econômica baseada em classes sociais, as que são obrigadas a viver da "venda" de sua força de trabalho e as que podem "comprar" os produtos deste trabalho. O mundo já produz alimentos para todos, mas quase metade da população da Terra é desnutrida. Não são razões técnicas que levam a isto. É a imposição política de uma estrutura econômica baseada na perpetuação da miséria, para poder explorar melhor o trabalho dos miseráveis pelos capitalistas. Na mesma medida, o primeiro resultado unanimemente reconhecido da política institucional dos países socialistas sem polemizar sobre "que socialismo é este" – é de socializar a riqueza em níveis condizentes com as necessidades humanas básicas de comida, saúde, escolaridade, educação etc.

Através da política institucional do Estado, os interesses de uma classe são apresentados como objetivos políticos gerais da sociedade. São vários estes objetivos, todos apresentados como "interesses nacionais": desde assegurar a segurança externa contra outros Estados, passando pela garantia da paz social interna, até a eficácia administrativa e burocrática que permite o funcionamento conjunto dos enormes complexos produtivos da sociedade contemporânea.

O atual Estado brasileiro apresenta como sendo seus "objetivos" a realização de reformas sociais – reforma agrária, tributária, sindical, partidária, urbana etc. – para atender principalmente aos contingentes populares e assalariados da população. O governo pretenderia o "bem-estar do povo".

Ao mesmo tempo, porém, centenas de lavradores são assassinados anualmente, as cidades se tornam inabitáveis aos trabalhadores, greves são sufocadas, enquanto os empresários paralisam a produção, a corrupção das fraudes continua impune, a voracidade dos bancos não tem freio,

O que é política

os torturadores não foram julgados. Esta é a verdadeira face em que o Estado aparece, pela qual seu objetivo pode ficar claro como imposição de interesses de exploração econômica na sociedade. Porque a repressão não atinge todos os cidadãos, mas usa certos critérios. Como à primeira vista todos os cidadãos são politicamente iguais, estes critérios não podem ser políticos. São sociais, enquanto são "cidadãos" assalariados, ou são "cidadãos" proprietários, enquanto pertencem a uma ou a outra classe. O uso de critérios sociais só pode ser explicado se os objetivos também são sociais, fora do Estado, na sociedade. A relação governo-governado é apenas a aparência política da relação social patrão-empregado em sua expressão de classe na sociedade. A atividade política institucional se volta, portanto, objetivamente, para uma relação com a sociedade. Seria nesta relação que se manifestam os meios utilizados pela própria atividade política do Estado. Para este, eles assumem a forma de participação, representação e direção dos "cidadãos" indistintamente. Na sociedade, porém, apenas alguns destes "cidadãos" – conforme sua situação de classe – são representados, participam e têm no Estado quem dirija seus interesses como se fossem de todos.

Os meios da política: força e consenso

"A arma é o voto do governo; o voto é a arma do cidadão." Nesta expressão de Millôr Fernandes encontram-se os elementos da política quando vista do palco da atividade institucional do Estado. No teatro das operações políticas, porém, existe também a visão da plateia.

De um lado, o Estado forte, com a máquina administrativa, a aplicação das leis, o poder de polícia. Do outro, a sociedade com o direito de manifestar seu aplauso ou seu repúdio pelo voto. O significado deste quadro transforma-se quando visto do ângulo da sociedade. Para explorá-lo, Marx colocou a situação de "ponta-cabeça", invertendo o enfoque que até então privilegiava o Estado, para mostrá-lo como manifestação de sua base social. Manifestação essencial da necessidade de organizar o conjunto da sociedade em torno dos interesses de uma de suas classes.

Tudo se passaria como se as classes disputassem entre si o direito de subirem ao palco, o Estado, transformando o resto da sociedade em plateia que dança conforme os interesses dos músicos. Muitas vezes, a plateia vaia, e a orquestra precisaria impor energicamente a sua ordem. Outras vezes esta conseguiria conquistar o público, seduzindo-o mesmo quando isto não correspondesse exatamente ao gosto da maioria. Aconteceria também de a orquestra ser expulsa violentamente, como seria possível haver uma mudança no público durante o espetáculo que o levasse a deixar de atender aos acordes, exigindo outros, até que, por pressão majoritária, se mudasse a música ou novos instrumentos subissem ao palco.

A partir do Estado, a política institucional assumiria uma forma "estática", de posturas "eternas" cuja função é garantir a permanência das próprias instituições – a participação pelo voto, a representação no Congresso, a direção do Executivo parecem "ter sido sempre assim". Pela perspectiva social, a complexidade do quadro apresentado acima mostra a política realmente como "atividade", um movimento que constrói novas formas e adquire sentidos diversos. Este dinamismo tem como arena principal a disputa entre várias orientações pelo poder institucional – pelo governo, a gestão do Estado –, para através dele imprimir uma orientação conjunta à sociedade.

Maquiavel seria o primeiro a sistematizar esta disputa do Estado, do "principado", como ele diria. Para ele, as "virtudes" que um príncipe – ou um partido, por exemplo – precisaria manifestar para conquistar ou manter um principado – para gerenciar o Estado, ser tutor da sociedade através do governo – seriam a força e a astúcia. O estudo destes meios específicos da atividade política e dos instrumentos que eles põem em cena – instituições partidárias, parlamentos, Executivo, Judiciário etc. – resultaria no objeto particular de uma ciência política. Esta procuraria mostrar como a atividade política se daria de modo mais ou menos independente das condições sociais que a movem, com regras próprias e uma lógica específica.

Esta autonomia efetivamente existe. Como explicar as tiranias ou os governos impopulares? Como explicar a vitória do pequenino Vietnã sobre os EUA, infinitamente superiores em termos materiais? E o sucesso da revolução soviética em 1917, com o pequeno partido bolchevique? Como explicar a fantástica ascensão dos inicialmente pouco numerosos nazistas na Alemanha, com uma sociedade tão desenvolvida?

Ao mesmo tempo, nem sempre os dominantes representam os interesses sociais predominantes, seja em termos de maioria, seja em termos de força. Ocorrem fatos que à primeira vista pareceriam impossíveis, como a vitória de Davi sobre o gigante Golias. Isto não quer dizer que a disputa política não seja uma competição de forças, mas que o próprio conceito de força deve ser relativizado em novas bases. Senão, como entender que um governo forte, apoiado nas forças armadas, veja-se impelido a convocar eleições que o intranquilizam, como no caso recente da Argentina? E como explicar que uma tirania considerada tão sólida como a do Xá do Irã ou do ditador Salazar fosse derrubada?

A política envolve justamente este possível mas não necessário, o plano de incertezas envolvido na passagem dos interesses sociais aos objetivos políticos e seus agentes. O interesse pela política nasce precisamente da não existência de determinações materiais e sociais exclusivas, do mesmo jeito que uma guerra não se decide só pelo número de soldados e mísseis.

O uso puro e simples da força sempre existe. Mas é contrabalançado por um outro elemento que também tem força, e que joga um papel decisivo. Quando Clausewitz, o grande teórico da arte militar, afirma que a guerra é a continuação da política por outros meios, chama a atenção simultaneamente a uma continuidade entre guerra e política – o uso da força, a coerção – e uma diferença entre ambas, em que à política cabem meios próprios e portanto distintos da coerção.

Sobre a coerção não há muito o que dizer: sua apreensão é imediata. O Estado e seu gerente, o governo, a utilizam à exaustão: polícia, leis, decretos, censura, impostos, obrigações. Ela constitui efetivamente o atributo fundamental do poder, mediante o qual se mantém a relação entre dominantes e dominados.

A própria coerção, no entanto, não é exercida somente no amparo da força. Basta pensar na autoridade de um professor que coage os alunos a prestarem exames. De onde tira seu poder? Em outras palavras, de onde o Estado tira a sua autoridade?

Para o sociólogo alemão Max Weber esta questão, que ele apresenta como legitimidade do poder, tem três respostas: 1) a eficácia, ou legitimidade racional; 2) a tradição; 3) o carisma.

A eficácia pode ser a eficiência administrativa na condução dos negócios públicos, do bem comum da população: a luta contra a inflação, a abertura de estradas e de "projetos-impacto", a descoberta de petróleo, o domínio sobre a tecnologia nuclear, a oferta de empregos e de serviços públicos etc. A tradição legitimaria um poder pela sua continuidade, assentada em hábitos já valorizados na história. Pelo carisma associar-se-ia a presença pessoal dos governantes à legitimidade de sua autoridade como intérprete de anseios da sociedade; presença em grande parte dependente do uso dos meios de comunicação.

Por estas três formas de legitimidade, a autoridade do poder adquiriria um caráter de representatividade social, que tornaria fluidas as relações entre comando e obediência. A ordem seria transformada em disciplina, a imposição em convencimento, o legal em legítimo, a coerção em consenso.

Gramsci, sentado na plateia, tem uma ótica diversa do mesmo problema. Para ele não se trataria de procurar uma legitimidade para o poder, mas de procurar um poder para a legitimidade. Passar do convencimento e da persuasão à imposição do seu resultado consensual, fazer da disciplina uma ordem. Para ele o Estado não seria um aparelho coercitivo à procura do consenso; mas, ao contrário, uma manifestação consensual escorada na força de se impor, de se tornar dominante. Em suas palavras, "a realização de uma hegemonia apoiada na coerção". Ele não pensa o poder como ponto de partida para refletir sobre a sua legitimidade ou representatividade, mas como ponto de chegada. Passaria a enfocar o Estado e a sua gestão pelo governo como objeto da atividade política, e não seu sujeito ou seu agente.

Neste sentido, já haveria um significado político numa atividade ainda distante do poder institucional do Estado e do governo, como representação de interesses assentados na sociedade. Esta seria a atividade política própria à "sociedade civil", onde se procuraria um consenso quanto à direção da sociedade; direção que, levada à "sociedade política" se tornaria por seu intermédio uma imposição, uma direção dominante. Na sociedade se discutiria, por exemplo, como reorientar a economia do país para acabar com o desemprego, a alta do custo de vida ou a baixa qualidade dos serviços públicos. Adquirida uma posição majoritária sobre isto, um consenso, este seria levado a ser governo, a gerenciar o Estado, tornando-se uma imposição para todos. Isto aconteceu com a eleição do presidente Mitterand, em 1981: a posição que defendia tornar-se-ia majoritária na sociedade, consenso que, transformado em voto, o conduziria ao governo.

Para exercer esta atividade política, a sociedade civil tem suas próprias instituições, onde procura desenvolver direções políticas para serem levadas ao Estado, a "instituição das instituições". Os partidos políticos seriam a principal destas instituições, em que já se praticam todos os elementos da atividade política – inclusive as decisões por votação. Com exceção de uma: a coerção, "monopólio do Estado", como queria Max Weber. O Estado é o único agente cuja violência é legal, amparada em lei. Não seria por outro motivo que existem armas privativas da polícia e das forças armadas.

Mas, além dos partidos, existiriam outras instituições na sociedade civil – uma das mais importantes seria a Igreja, ao lado dos sindicatos, das associações, organismos comunitários, movimentos sociais em geral. Elas se diferenciariam dos partidos por não terem como objetivo a gerência do Estado, a ocupação do governo. Sua atividade política estaria concentrada no exercício de um poder de direção consensual. É preciso ressaltar que "sociedade civil" não significa oposição: os sindicatos patronais, as federações da indústria, do comércio, da agricultura, dos bancos, o Rotary, são instituições que não divergem da orientação de classe do governo, necessariamente.

Para a atividade política colocam-se duas tarefas:

1) obter um consenso da sociedade civil, pela organização e mobilização em torno de direções a serem adotadas pela sociedade; 2) transformar o resultado deste consenso em poder de direção hegemônica na "sociedade política", através da qual se transformará em direção dominante, amparada nos seus instrumentos de coerção legal. Uma revolução nada mais é do que a imposição de uma direção da "sociedade civil" de modo violento à "sociedade política", pelos argumentos da força das armas. Já um processo eleitoral pressupõe o entendimento da "sociedade política" como prolongamento da "sociedade civil" e a aceitação das suas formas de prática do consenso e da passagem da legitimidade à legalidade.

Em ambas as situações, resta uma grande questão: como adquirir um significado político na "sociedade civil"? Que condições exigem as possibilidades de se usar os meios da força ou do consenso para influenciar o Estado e impor uma direção à sociedade como um todo?

As condições da política: organização e mobilização

Até 1964, no Brasil, para se ocupar os postos do governo era necessário participar da disputa eleitoral. Em 1964 um golpe instalaria os militares no poder sem que eles participassem de uma luta partidária. De 1976 para cá, movimentos sociais, sindicatos, CUT, CGT, DAB, ABI, SBPC, UNE, Igreja, CNBB, comunidades de base participariam de modo crescente da vida política. Influenciariam os próprios partidos constituídos a partir de 1979, disputando em pé de igualdade com eles como expressões da "sociedade civil" dotadas de significado político, no movimento pelas "diretas" e pela convocação de uma Constituinte livre e soberana.

Como estas manifestações sociais adquiririam significado político?

Entre todas, esta é a questão mais controversa. Aqui a teoria vale pouco; pode, quando muito, sistematizar experiências e apontar algumas diretrizes básicas.

Afirmar, por exemplo, que a sociedade é estruturada em classes e que isto precisa ser levado em conta como "condição objetiva" é certo, porém vale muito pouco. E quando estas classes se expressam na realidade palpável num mundo de ricos e pobres, de empresários e assalariados, de militares e padres, de estudantes e donas-de-casa, de homens e mulheres? Reduzir tudo isto às relações entre capitalistas e proletários?

A aquisição de significado político pode ser observada diariamente. Quando um movimento salarial de trabalhadores consegue transformar suas reivindicações, ou parte delas, em aumentos efetivos, em um direito institucional regulamentado legalmente, revela um significado político. Transformou seu interesse social num objetivo político, pois interferiu nas atribuições do Estado – a lei salarial. Quando o governo usa um pelego para refrear estas mesmas reivindicações, esta é uma atividade de significado político, embora não seja efetuada diretamente pelas mãos do Estado. Com ela se evita que reivindicações salariais se tornem conquistas políticas. As mulheres que lutam contra a sua discriminação no trabalho, no voto ou em qualquer outra atividade social ou individual conferem significado político à sua atuação, pois lutam por direitos a serem institucionalizados pelo Estado. Da mesma forma acontece com o padre ou o leigo que se engaja na luta "pelos pobres"; com o movimento social que luta por saneamento; o estudante que reivindica verbas, o popular que combate aumentos de preço, o professor que quer eleger o reitor de sua universidade etc.

O que todos estes exemplos têm em comum é que a grande diferença entre interesses sociais e objetivos políticos reside em que os primeiros são singulares, específicos, enquanto os últimos assumem validade geral. Os aumentos valerão para todos, mesmo para os que não pediram; os direitos das mulheres não se aplicarão apenas às feministas etc. O momento decisivo na aquisição de significado político por um movimento social residiria na capacidade de dirigir coletivamente os interesses sociais específicos como objetivos políticos amplos. Um significado político exige da sociedade civil a sua função dirigente. Desta forma, diferentemente da atividade no âmbito da sociedade política, do Estado, que divide a sociedade entre dominantes e dominados, a atividade política da sociedade civil produz dirigentes e dirigidos.

Todas as instituições da sociedade civil reproduzem, sem exceção, esta relação: sindicatos, partidos, associações, organizações comunitárias. Ao contrário da relação dominante-dominado, baseada na coerção sob a tutela do Estado, a relação dirigente-dirigido fundamenta-se no consenso, na persuasão, no convencimento público para adquirir força.

A aquisição de influência política, portanto, transfere-se a esta outra: como se tornar força dirigente?

Isto explicaria, por exemplo, por que o governo precisa de eleições: para poder, através da representação consensual do sufrágio, aparecer como dirigente da sociedade que tutela. Nesse sentido, o Estado, a instituição das instituições, comporta-se como qualquer instituição da sociedade civil. Precisa usar os mesmos meios destas como condição para adquirir significado político em sua atividade. Meios que, vistos do ângulo das instituições civis, apresentam-se como organização e mobilização social. Estes constituem os elementos básicos da atividade das instituições no âmbito da sociedade civil, assim como coerção e hegemonia, imposição e persuasão, são os elementos da atividade política da instituição estatal em relação à sociedade.

Em cima deste paralelo com a atuação das instituições públicas do Estado, estabelecem-se também divergências na concepção das condições básicas da atividade política na sociedade civil. Conforme esta é vista a partir do plano institucional, ocupado pelos dirigentes, ela aparece como constituída principalmente de organização, como estrutura cuja atuação depende prioritariamente de uma certa ordem e disciplina. Enxergada da plateia de dirigidos, a atividade política da "sociedade civil" aparece basicamente como mobilização, que permite transformar interesses sociais em objetivos politicamente alcançáveis. Estas duas perspectivas dividem as concepções da prioridade na atuação da "sociedade civil". Por exemplo: a ideia do partido restrito, mas muito organizado; que conduz atrás de si a mobilização, nos moldes leninistas, é frequentemente oposta à ideia do partido de mobilização ampla, que puxa consigo sua própria organização.

Esta é uma discussão aberta, que depende mais de situações conjunturais do que de bases teóricas. Mas a experiência histórica mostra que o privilégio da organização tem conduzido com maior frequência à preponderância da coerção sobre o consenso no embate político pelo poder público. Exemplos são os golpes militares, de uma instituição – as forças armadas – que prima pela organização, que primeiro ocupa o poder para depois legitimá-lo, criando partidos como o PDS. Por outro lado, as mobilizações em torno de objetivos eleitorais têm a necessidade de se sustentarem organizativamente, pelas próprias exigências da ocupação do Estado, uma instituição cuja eficácia requer alto grau de organização e ordem.

Certo é que organização e mobilização constituem ambas elementos essenciais, como o são a força e o consenso. Do mesmo modo que o poder do Estado seria resultante de um consenso legítimo amparado na força da legalidade, o poder político dirigente das instituições da sociedade civil consistiria uma mobilização amparada em organização.

As bases da política: Movimentos sociais e cotidiano

Como entender uma atividade política cuja meta explícita não é a disputa pelo poder institucional do governo? Que papel ocupa a política nos sindicatos, nas

"Como se tornar força dirigente".

comunidades de base, nos organismo feministas, nas associações profissionais ou de bairros?

Seu objetivo não é a ocupação do Estado. Apesar disto, porém, a atividade que desenvolvem adquire um significado político peculiar, comumente de política de base, por ser executada a partir de movimentos de base da sociedade.

Sem dúvida trata-se do plano em que a criatividade manifesta-se com maior riqueza. Nos movimentos sociais, a políticas revela seu maior potencial dinâmico, pelo constante desenvolvimento de novas formas derivadas de situações cotidianas e da necessidade de sua transformação. É neste espaço que todos são políticos fazendo jus àquela característica fundamental dos homens que os leva "a pôr o dedo entre os raios da roda da história", como queria Max Weber em *A Política como Vocação*.

A atividade desenvolvida nos movimentos sociais, pela presença que neles ocupam as questões cotidianas, encarrega-se de conferir um novo sentido a uma política progressivamente desmoralizada pela atuação das instituições públicas e da disputa governamental. Isto não é de estranhar, porque, fora dos momentos eleitorais, a atividade institucional do Estado não oferece espaço à participação das pessoas nas decisões políticas, e aparece apenas como restrição ou imposição de normas legais. Mesmo enquanto sistema representativo, a política governamental comporta-se como tutor paternalista dos interesses públicos. Depois de escolhidos, os representantes tornam-se autônomos, e conduzem os negócios do país – no caso do governo – ou de setores dele – no caso dos partidos – à revelia da interferência dos cidadãos ou dos filiados e militantes. Estes perdem até mesmo a possibilidade de voltar atrás nas suas escolhas, quando estas não correspondem mais aos seus interesses, e precisam esperar até que se esgotem os prazos da tutela – os mandatos – que os governantes têm em relação aos governados, os dirigentes em relação aos dirigidos.

"De que adianta votar? Vai tudo continuar na mesma." Esta seria a questão fundamental a que se procuraria responder. Sem dúvida, o descrédito e o desalento contidos na sua formulação são os principais responsáveis pelo crescimento significativo dos movimentos sociais nos últimos tempos. Enquanto na política institucional fala-se pelo e para o povo, nos movimentos sociais é o povo quem fala e está presente cotidianamente.

O "povo" – os dominados e dirigidos, que podem vir a ser dominantes e dirigentes – fala por si. A história está recheada pela sua ilimitada capacidade de responder de modo inventivo e inovador aos problemas das próprias relações de dominação e direção políticas que estabelece. Mas discorrer sobre a prática dos movimentos sociais enfrenta o grave risco de normativizá-los, padronizá-los, tolhendo-os precisamente no que têm de mais frutífero; sua qualidade maior é o dinamismo que rompe com as estruturas pré-fabricadas de participação, representação e direção.

Não é possível dizer como é a atividade política nos movimentos sociais em geral. Pode-se descrevê-la em determinadas situações específicas em que este "como" está sendo continuamente elaborado. Quem diria, alguns anos atrás, que os sindicatos, os estudantes, as mulheres, os bairros, os camponeses, as comunidades eclesiais de base, as organizações civis e de profissionais adquiririam a forma atual?

Esta mobilidade extrema não implica, porém, ausência de direção e objetivos nítidos. Estes se tornam mais claros quando contrapostos à política em sua concepção institucional. Quanto mais insatisfatória esta se torna, quanto mais suas decisões se distanciam do cotidiano, tanto mais crescem os movimentos sociais como último espaço em que os homens, vivendo em sociedade, desenvolvem seus interesses.

Existe um sentido da atividade política que se perde quando esta se dá exclusivamente nos moldes institucionais. Que sentido é esse?

A atividade institucional promove uma divisão na sociedade entre governantes e governados, dominantes e dominados, dirigentes e dirigidos. Para abrandar esta separação, as instituições desenvolvem a função da "cidadania" cuja participação na direção dos negócios públicos resume-se à escolha de uma representação política pelo exercício do voto.

As eleições não só são limitadas por se realizarem de tempos em tempos – entre nós cada vez mais distanciados – em cujo intervalo a participação é extremamente afetada. São limitadoras porque restringem o objeto da escolha. Vota-se num cargo eletivo – governador, deputado, e às vezes até presidente da República. Não se vota, por exemplo, o que fazer com a economia do país, que política salarial adotar, ou se deve ou não haver produção de energia nuclear, o que fazer com a educação etc. Isto passa a ser responsabilidade exclusiva dos tutores eleitos; é certo que estes muitas vezes são eleitos com base em programas de governo ou de atuação. Mas mesmo que não os cumpram, não há legalmente nada a fazer, a não ser esperar uma nova oportunidade de participação eleitoral. Enquanto isto não acontece, os tutores estão de posse exclusiva dos instrumentos de dominação e direção políticas que a lei faculta para, em nome do país, decidirem conforme sua própria vontade.

"O sufrágio universal", diz Sartre, "é uma instituição que atomiza os homens concretos e se dirige a entidades abstratas, os 'cidadãos'... O Estado cria cidadãos, dando-lhes o direito de votar uma vez a cada quatro anos sob a condição de que respondam a condições muito gerais. Por exemplo, serem brasileiros e terem mais de dezoito anos. Deste ponto de vista todos são iguais, sejam eles empresários ou assalariados, gaúchos ou nordestinos. "Eles são perfeitamente idênticos, como o são os soldados nas Forças Armadas: ninguém se interessa pelos seus problemas concretos, que nascem nas suas famílias, ou nas relações sociais ou profissionais." Não existe qualquer referência ao cotidiano real das pessoas e de sua vida.

Na atividade política de base, como nos movimentos sociais, não se dispensa a utilização do voto. No entanto, o sentido que se atribui a este instrumento de participação e representação é completamente diverso. Isto pode ser observado nitidamente num instrumento utilizado pela totalidade dos movimentos sociais, sem exceção: as assembleias ou seus congêneres. Nestas a tônica é a consulta não só para a escolha de dirigentes – muitas vezes também eleitos em urna –, mas para a delimitação das funções destes dirigentes, e dos objetivos cuja realização devem dirigir. Vota-se o aumento salarial a ser reivindicado em conjunto, o acordo a ser formulado, a rua a ser asfaltada, os investimentos a serem feitos, as prioridades a serem enfocadas no dia a dia, a solução para os problemas entre dirigentes e dirigidos, os homens e mulheres a serem procurados etc. Vista desta forma a consulta visaria basicamente a atingir, como finalidade da política, a maior representatividade possível, permitindo a mais ampla participação nas decisões. A democracia seria um objetivo já presente nos movimentos de base. Todos os participantes, garantidas as diversidades de seus interesses e respeitada a sua livre expressão, sentem que aquele movimento é efetivamente seu e que ele tira a sua força coletiva da participação e representação que confere a cada um em particular. Esta estrutura seria a fonte do seu poder político.

A força dos movimentos sociais provém deles próprios, do seu compromisso como instrumentos da coletividade, das comunidades, das associações. O exercício da sua prática interna já expressa no seu interior o objetivo político da democracia a que se voltam no exterior. Por se assentarem exclusivamente em si mesmos, os movimentos sociais não devem explicações à política institucional, gozam de autonomia e podem dispensar as suas regras. Mesmo assim, quando esta sua força de estrutura social torna-se uma orientação de base que influencia diretamente a disputa pelo poder institucional, os movimentos sociais comportam-se também como agentes políticos institucionais. Desta forma, muitos dentre eles passariam a ser poderosos instrumentos de base para partidos políticos. Assim surgem os partidos políticos classistas, cuja base seria a estrutura das relações de classe, tanto burguesas como de trabalhadores, de latifundiários ou camponeses.

O Estado, como instrumento de uma classe, procuraria normativizar a atuação dos movimentos de base das outras classes. No caso dos sindicatos, por exemplo, institui-se a legislação sindical que atrela este movimento às diretrizes legais, regulamentando seu funcionamento, os seus mecanismos de decisão, enfim, a sua autonomia.

Ao mesmo tempo em que as restrições institucionais chegam aos movimentos de base, procurando contê-los em determinadas formas, também ocorre o contrário. Isto é, os movimentos sociais levam sua autonomia em relação ao Estado do interior dos próprios partidos. Aqueles partidos que valorizam a representação, participação e direção dos movimentos ·sociais, tiram a sua força desta expressão social existente em seu interior. Os movimentos sociais já têm um poder, proveniente de sua representatividade, embora esta seja localizada e particular – num bairro, numa categoria profissional, numa empresa ou num determinado tipo de relação cotidiana – homem-mulher, por exemplo. Através de um partido, procuram expandir o alcance deste poder aos limites nacionais do país. Mas as condições objetivas de isto acontecer repousam na capacidade de já realizarem, no seu âmbito interno, esta meta representativa, democrática, garantindo-a pela sua estrutura social e comunitária.

A vinculação orgânica com os movimentos sociais fornece aos partidos condições autônomas para a avaliação de suas possibilidades de força. A vida partidária, no entanto, é ambígua. Ao mesmo tempo em que se nutre de interesses manifestados no movimento da sociedade, precisa transformá-los em objetivos institucionais para poder participar da disputa governamental. Seu comportamento oscila, portanto, entre a procura da representação social e o desempenho conferido pelo voto, por exemplo, nas eleições públicas.

Uma visão restrita ao confronto eleitoral, porém, cria a impressão de que a força de uma orientação partidária reside na debilidade das demais. O apelo "vote em mim" neste caso significa "não vote no outro". Neste sentido, parece que o objetivo reside em "bater o inimigo", e não no ato de representar a sociedade, a si próprio. Em consequência, perder-se-ia justamente a verdadeira fonte da força política que é o exercício concreto da escolha, reduzindo-a novamente a uma instância abstrata. O "pacote eleitoral" do governo brasileiro, por exemplo, tem esta função explícita: reduzir a disputa, que se manifesta nos votos, exclusivamente ao âmbito institucional, fazendo do jogo partidário uma mera disputa de cargos, esvaziando seu conteúdo de prática social de participação nas decisões, o verdadeiro objetivo da atividade política.

A autonomia partidária, ao contrário, residiria na capacidade de se manter uma estrutura que garanta sua organização e mobilização em cima das próprias pernas – os movimentos sociais que expressa –, mesmo que estas ainda sejam curtas. O que não significa a recusa da disputa institucional pelo voto. Mas implica reconhecer que esta é apenas uma forma, entre muitas, que a atividade política assume em determinadas circunstâncias. Assim como o Direito é apenas uma consequência da justiça como interesse manifestado em sociedade, o voto é consequência do interesse na participação e representação. O exercício destas é que é importante, e nelas residem os elementos dinâmicos que transformam e produzem as instituições – Estado, partidos etc. –, conferindo-lhes um sentido.

Política e representação eleitoral

A vida institucional é um reflexo da vida social. O exercício do voto constitui um objetivo político para demandas da sociedade. As eleições parlamentares podem imprimir ao sufrágio a necessidade sentida no cotidiano da vida social de uma reorientação política do país. No entanto este seria só o último momento de um longo trajeto, em que a atividade política resume a participação e representação. Para que ela pudesse ser traduzida em votos, precisou antes existir em formas não institucionais, nas comunidades, nos sindicatos etc. A opção eleitoral – mesmo numa Assembleia Constituinte – precisa ser fundamentada numa escolha cotidiana, de pessoas não limitadas como "cidadãos". O confronto eleitoral constitui apenas o último elo abstrato de uma cadeia cujo conteúdo concreto passa pela mobilização e organização cotidianas da sociedade para pressionar seus representantes.

O sentido da atividade política perdido no enfoque institucional, está em entender a confrontação de orientações políticas como consequência de relações de força de representatividade social diferente no dia a dia. Relações e classe, de que o voto institucional é a expressão mais abstrata. A menos dotada de conteúdos voltados ao cotidiano. E, por isto mesmo, a mais manipulável, por ser a mais distante.

A confrontação política real se exprime na coerção das armas ou da lei, que vale permanentemente, em casa ou fora dela, em todos os dias e não de quatro em quatro anos. Ou então no arrocho salarial, na falta de escolas ou de saúde de transporte, na distribuição da terra, na moradia e nos problemas urbanos, na discriminação da mulher e das minorias. Em cima desses dados se cria a atividade política, que pode tanto ser a da repressão policial, a da coerção dos tribunais, como a do movimento sindical ou das organizações de base. A possibilidade de algo mudar, de tempos em tempos, pelo voto é diretamente proporcional à avaliação das forças expressas diariamente no debate parlamentar, nas greves, nos congressos, nas manifestações intelectuais, de movimentos de bairro, de mulheres, estudantes, nas relações de trabalho ou na vida cultural. A legalidade é uma atribuição das instituições, assim como a legitimidade provém da sociedade e seu cotidiano. O voto constitui uma grande oportunidade para conferir se esta legalidade é legítima e para manifestar a necessidade de tornar legal uma nova legitimidade.

POLÍTICA, CULTURA E IDEOLOGIA
IV

A censura, as aulas de moral e cívica são interferências políticas diretas no espaço cultural. A música de protesto, o cinema de crítica social, as análises intelectuais são manifestações diretas da cultura no plano político.

Mas estas são apenas as formas mais imediatas da relação entre atividade política e manifestações culturais. Qual o significado político dos *Beatles,* do curso supletivo ou da novela das oito? Que significado cultural tem uma assembleia de metalúrgicos ou uma proposta política em que não se elege diretamente o presidente da República?

Qual o significado atual das relações entre política e cultura? Como se vincula a transformação política da sociedade com o seu movimento cultural?

Política e cultura se relacionam desde que a palavra passou a ser um instrumento de poder na Grécia antiga, seja a partir do debate político ou da lei escrita. O termo "cultura" deriva do latim "colere", cultivar a terra, opondo-se assim o "cultural" ao "natural". Seria transposta ao conjunto dos elementos econômicos, sociais, políticos, artísticos, filosóficos, morais, técnicos etc., em que consiste a experiência de uma determinada sociedade, situação histórica ou agrupamento social. Através da cultura, esta experiência mantém-se viva e é transmitida. Desta forma, seria possível conferir um sentido às próprias atividades desenvolvidas pelos homens, seja em suas relações de classe, com poder, com os outros homens ou com a natureza.

A cultura popular, por exemplo, não seria aquela feita pelo povo ou para o povo, mas aquela em que as manifestações populares adquirem um sentido para o povo, em que ele enxerga um valor. Assim como no âmbito da política os interesses sociais dos homens, no seu trabalho, dentro e fora de casa, apresentam-se como objetivos políticos, da mesma forma, no plano cultural, estes mesmos interesses cotidianos apresentam-se como valores culturais.

Cria-se, desta maneira, um novo plano de relacionamento: entre objetivos políticos e valores culturais. Seus critérios podem tanto ser determinados por normas políticas e imperativos institucionais – como no caso de um censor público; como também ser provenientes da experiência cultural – como no caso da produção artística. Esta, por sua vez, pode pautar-se por hábitos adquiridos – como uma conduta moral das pessoas. Ou então ter como base valores mais profundos, revelados com uma certa permanência no conjunto da história humana – desde padrões estéticos até um comportamento ético dos homens, tal como estaria na concepção humanista de termos como "liberdade" ou "democracia".

É claro que a cultura para um censor possui um significado diferente do que tem para o autor da peça censurada. Existe uma cultura dominante quando ela tem por trás de si uma proposta política dominante, e isto fica claro no caso da censura política. Mas que dizer da censura ao palavrão, ao lança-perfume, ou ao erotismo? Seriam também questões de "segurança nacional" para uma determinada orientação política do governo?

Como explicar manifestações culturais como o Chacrinha, as orquestras sinfônicas, a música popular, as escolas de samba, o folclore e as lendas, a literatura e o jornalismo, as universidades e academias, os centros de pesquisa, o balé e o Ministério da Educação?

É possível desembaraçar este novelo, procurando por uma das duas extremidades possíveis do seu fio da meada. De um lado, uma cultura identificada com interesses políticos e instrumentalizada pelos mesmos. Do outro, uma cultura entendida no seu significado mais amplo, de referência "civilizatória"

– a cultura da civilização ocidental, ou cristã, ou indígena – que encerra os próprios significados da atividade política em seu interior, como valores culturais autônomos.

No plano de uma cultura instrumentalizada politicamente, pode haver relações de conflito – como a censura, ou a crítica da cultura engajada de setores da oposição. Ou relações de apoio mútuo entre política e cultura – como a campanha hoje quase esquecida do "Brasil: ame-o ou deixe-o". Ou como os shows musicais a favor da anistia ampla, geral e irrestrita. Aqui as *manifestações culturais apareceriam como meios para a realização de objetivos políticos.*

Falar de uma cultura num sentido mais amplo seria entender a *atividade política como meio com uma missão maior* que extravasa o seu terreno, a política como uma missão cultural, moral e ética. Agora já não se trataria tanto de politizar a cultura, para se servir dela, mas de procurar um sentido à própria atividade política no plano cultural. Munidos deste critério, seria possível emitir um juízo sobre a própria atividade política, e ancorá-la na experiência cotidiana das pessoas.

A cultura em sua função política

Quem já não se surpreendeu no meio de uma discussão chamando o interlocutor de "burro"? Está aí descoberto o conteúdo de poder da cultura, que associa a sua existência, ou não, a uma relação de autoridade.

Argumentos deste tipo são frequentes na história, e a eles se deve a própria valorização do conceito de cultura nos últimos duzentos anos. Na Revolução Francesa, uma das primeiras reações da aristocracia alijada do poder seria tachar a burguesia, a nova classe dominante, de "inculta". A cultura passaria a ser usada como um argumento a mais, contrário às mudanças políticas, que "poriam a perder as conquistas e os valores da humanidade". Os burgueses, grosseiros, sem refinamento, bom gosto e maneiras, voltados unicamente aos bens materiais e sem consideração com bens espirituais, não teriam condições de ocupar o papel político dominante. No século XIX, a burguesia desenvolveria sua própria cultura. Com as revoluções socialistas do século XX, atacaria a nova classe que aspirava ao poder dominante, o proletariado, como rude, acostumada apenas aos trabalhos manuais, desprovida de "cultura", sem condições de assumir a responsabilidade da direção política da "civilização ocidental".

A referência à cultura entra na história com este peso conservador, permeada de apelos contrários às mudanças, como suporte de propostas antigas sempre que estas se encontravam ameaçadas pelo novo. A preocupação com a cultura entra pela porta dos fundos em socorro dos que vinham a se defrontar na porta da frente com novos aspirantes a donos da casa. Por isto, trata-se de um uso servil da cultura, unicamente instrumentalizada com finalidades políticas.

"Analfabeto não deveria votar porque não tem cultura; o povo não tem condições de escolher seus dirigentes porque não sabe escovar os dentes ou tem mau cheiro".

Este discurso é fácil, porém não é vazio. A prática política, solidificada na experiência cotidiana das pessoas através das manifestações culturais, encontraria nestas um poderoso fator de apoio. As concepções políticas são enraizadas culturalmente. Desde que o ambiente cultural corresponda aos interesses politicamente dominantes, as concepções políticas também serão as das classes dominantes. Fazendo da *sua* cultura *a* cultura da sociedade, as classes dominantes apresentam os seus interesses particulares como sendo os únicos objetivos dotados de sentido para toda a sociedade. Uma determinada cultura se institucionaliza apoiada no poder político, e se apresenta como "civilização". Os valores específicos de uma parcela da sociedade, reproduzidos na sua cultura, apresentam-se como valores universais dos homens. Esta operação é o que se chama inversão ideológica, ocultamento do parcial por trás da aparência do geral. Neste sentido, a cultura instrumentalizada politicamente torna-se um *apoio ideológico* de orientações políticas. Através do uso ideológico da cultura, o agente político consegue generalizar para a sociedade como um todo os seus próprios critérios de valor: desta forma, ele passa a ser considerado legítimo. É deste modo que frequentemente se acha justo que os que "sabem mais" tenham o direito de mandar.

Isto é muito importante para as propostas revolucionárias. Porque não basta apenas substituir as posições de mando – a conquista do Estado –, mas é preciso também substituir os critérios de legitimidade do poder. Caso isto não aconteça, a sociedade não se convence da necessidade da mudança política, e acaba por ser contrária a ela. O pensador e político Georg Lukács, preocupado com o insucesso da revolução na Hungria no começo do século XX, passa a desenvolver a necessidade de haver, simultaneamente a uma estratégia política de tomada do poder, uma estratégia de política cultural. Só desta forma, acreditava ele, seria possível tornar uma nova orientação política – a socialista – capaz de competir com a orientação política que antes estava no poder – a capitalista. Seria preciso desenvolver nas pessoas uma nova "consciência de classe", a base cultural de uma nova classe assentada na consciência de cada um, que passaria desta forma a entender como legítimo o poder desta nova classe. A nova alternativa política teria, assim, garantida a sua própria sustentação ideológica. Desta preocupação surgiriam as "revoluções culturais", de que a mais conhecida é a chinesa, e que nada mais são do que a instrumentalização política da cultura com finalidades revolucionárias. Do mesmo jeito que antes ela era utilizada com finalidades conservadoras.

Além deste papel de legitimação ideológica para as propostas políticas, porém, a cultura ainda tem uma outra função instrumental muito importante: a de meio organizador.

Foi Gramsci que desenvolveu esta função teoricamente. Até Gramsci, achava-se que a sociedade era organizada principalmente mediante os partidos políticos. Estudando a Itália meridional, em que a atuação dos partidos era bastante débil, ele percebe que a organização política era feita através da organização cultural, pelas escolas, pelos jornais, pelo registro em cartório, pela Igreja etc. A escola, por exemplo, não teria apenas a função de reproduzir uma cultura ideológica de apoio, de legitimação institucional, mas uma função de organizar a participação dos alunos na sociedade. Assim como o jornal não teria só o papel de transmitir informações de conteúdo ideológico, mas o papel de organizar, de dirigir em certo sentido a participação do leitor.

É o caso sobretudo da televisão. Ela não só organiza o tempo do espectador enquanto ele assiste a seus programas. Através destes – Faustão, Sílvio Santos, novela ou Jornal Nacional – a organização social segundo certos padrões penetra em casa, dirigindo a vida das pessoas quando estas estão mais desprevenidas de acordo com preocupações específicas, relegando outras a segundo plano. A televisão impõe uma ordem hierarquizada na conduta cotidiana. Na Igreja, o papel organizador também é bastante patente, não só por transmitir normas de conduta religiosa. O casamento no civil e no religioso constitui um exemplo de interferência nas próprias relações institucionais da vida cotidiana, como o atestado de batismo etc.

É claro que estas duas funções políticas da cultura acontecem ao mesmo tempo. Mas é importante diferenciá-las, porque elas se referem a finalidades específicas distintas.

Através da imprensa, veiculam-se conteúdos culturais com finalidades ideológicas de apresentar os interesses de uma classe como sendo os interesses gerais da sociedade. Desta forma, a proposta política desta classe adquire um apoio consensual da população que a legítima. Esta é a função de apoio ideológico, que permite ao Estado basear-se no consenso.

Em segundo lugar, existe a função organizativa: ao mesmo tempo em que os órgãos de imprensa transmitem e reproduzem conteúdos ideológicos, eles permitem mobilizar os leitores, organizar a participação da opinião pública em torno de determinados objetivos que interessam politicamente. Promover manifestações públicas, por exemplo, ou votar em determinados candidatos, ou consumir certos livros pelos quais se transmitem novos conteúdos ideológicos, que reforçam o consenso político. Esta é a função de direção ideológica da sociedade.

Se a classe que usa estes instrumentos ideológicos já está ocupando o poder estatal, estes instrumentos são "aparelhos ideológicos do Estado", expressão cunhada pelo filósofo Althusser. Quando ela ainda não ocupa o poder do Estado, e utiliza recursos ideológicos para se opor a ele e fundamentar sua própria orientação política, a ideologia é encarada como "instrumento de libertação", como meio libertário.

A principal diferença entre o uso da ideologia como função de legitimação, de procura do consenso, e como função organizadora, de direção da participação, é que a política cultural, a "revolução cultural", não precisa ser feita *após* a conquista do Estado e da sua organização, porque ela mesma também pode ser organizadora. Desta forma, a política cultural-ideológica pode ser promovida *antes* da organização do Estado, e se constituir inclusive em um fator para esta organização política, ajudando na libertação do Estado antigo e na construção de uma proposta alternativa a ele. Esta forma de luta revolucionária Gramsci denominaria de "guerra de posição".

Os elementos decisivos para a produção e reprodução da ideologia são os intelectuais, que simultaneamente produzem cultura e organizam através da cultura. Na medida em que os intelectuais vinculam-se a determinados interesses de classe, eles são *intelectuais orgânicos* desta classe. A formação dos seus próprios intelectuais orgânicos, portanto, é um fator decisivo para as possibilidades políticas de uma classe. Os professores podem ser intelectuais orgânicos, porque criam e transmitem ideologias de apoio político; mas também os gerentes e os administradores podem ser intelectuais orgânicos, porque eles organizam e dirigem a participação das pessoas. O gerente de uma fábrica, quando ele representa os interesses dos donos, organiza a participação dos trabalhadores conforme estes interesses. Mas ele também pode representar os interesses dos trabalhadores – não no capitalismo, é claro – e dirigir a participação de acordo com os interesses destes. Um reitor de universidade nomeado pelo Estado é um intelectual orgânico deste Estado; um reitor escolhido pela comunidade é um intelectual orgânico desta comunidade. Como um líder sindical ou um dirigente partidário eleitos por suas bases.

Em resumo, pode-se dizer que as culturas cumprem uma função política enquanto ideologias que apresentam interesses particulares como objetivos políticos gerais. Às ideologias cabem dois papéis distintos: promover a legitimidade do poder político através da obtenção do consenso da sociedade, e organizar este consenso pela direção da participação da opinião pública conforme determinados interesses políticos.

Como ideologias, as manifestações culturais podem ter tanto uma função conservadora – de apoio ao existente – como inovadora – de promoção de alternativas ao existente.

Política como missão civilizatória

Quando se classifica algo de "autoritário", isto quer dizer mais do que simplesmente lhe atribuir uma atividade política que se impõe pela força. Significa atribuir-lhe um valor, uma referência que possui um sentido além do político. Do mesmo modo, quando consideramos uma pessoa "democrática", emitimos uma opinião sobre as suas qualidades que não se esgota unicamente na sua prática. Neste sentido, a democracia seria algo mais do que uma determinada forma de governo ou de atividade política. Seria um valor, uma referência cotidiana que diz respeito ao conjunto de uma experiência humana e social, objetiva e subjetiva, acumulada ao longo da história na cultura.

No entanto, o conceito de democracia se desenvolve no âmbito da política. E se ele não diz respeito apenas a significados imediatamente políticos, é porque a própria política, seus valores e objetivos situam-se também no plano cultural. Assim como existe uma cultura estética ou uma cultura física, há uma cultura política. Através dela se mantém viva a própria experiência que condiciona os padrões de comportamento subjetivo e de atuação objetiva que se referem à atividade política.

Do mesmo modo que se pode falar de um papel político para a cultura, cabe também falar de uma função cultural da política. As relações entre os dois planos são recíprocas. Precisamente para se referir a estas relações usa-se o conceito de "ideologia". Daí sua importância.

Ao falar da função política da cultura, lança-se mão de termos como "consenso" ou "organização", tipicamente tirados do vocabulário político. Para falar da função cultural da política, utilizam-se termos tirados especificamente do vocabulário cultural, como "visão de mundo". Estas duas funções tornam o termo ambíguo.

É que, por referir-se a uma relação, a "ideologia" tem dois sentidos diferentes, conforme se privilegia um ou outro dos interesses que ela põe em cena: políticos ou culturais. Ideologia no sentido político restrito, de "legitimação" ou "organização" social; ideologia no sentido cultural amplo, de "visão de mundo". A "visão de mundo" dos gregos ou da Renascença; uma "visão de mundo" capitalista ou socialista.

Anteriormente já se falou sobre a função política da cultura, sobre a ideologia em seu sentido restrito. Agora é a vez da política enquanto ela se relaciona com o plano cultural, a vez da ideologia enquanto "visão de mundo".

Marx mostrou em sua *A Ideologia Alemã* que as visões que os homens constituem do seu mundo, o conjunto de ideias e valores que são a sua experiência cultural, são frutos do modo como organizam no cotidiano suas relações de trabalho. Em outras palavras, o mundo ideal é determinado pelo mundo material. Marx tirou desta constatação duas importantes consequências.

Em primeiro lugar, que *não há "visões de mundo" certas ou erradas. Todas elas são um reflexo correto de determinadas condições de produção material,* de organização do trabalho humano. Se os homens trabalham apenas para produzir seu próprio sustento, têm determinado tipo de ideias; se trabalham com a finalidade de produzir excedentes – ou seja, mercadorias para serem vendidas – têm outra espécie de "visão de mundo". Ambas são corretas, porque correspondem fielmente ao seu universo material, de que são "aparências" necessárias.

Além disto Marx observa que, *para se mudarem as "visões de mundo", não basta agir no nível das ideias e dos valores; é preciso transformar no cotidiano as condições materiais* a que estas ideias correspondem. Portanto o papel da crítica às ideologias e da sua transformação não é função da especulação teórica, mas cabe à prática das alterações materiais. Em outras palavras, a ação do nível das ideias, no plano cultural, exige uma atuação política de transformação do mundo. Daí a sua célebre tese sobre a filosofia: "Até agora, os filósofos só interpretaram o mundo de formas diferentes; é preciso transformá-lo".

Examinando a visão de mundo da sociedade capitalista moderna, Marcuse, no livro *A Ideologia da Sociedade Industrial,* mostra como seus valores refletem o mundo do trabalho. É uma ideologia enquanto "visão de mundo" cultural – que incorpora como valores culturais, como éticas, a eficácia e a produtividade que caracterizam a produção capitalista. Todos os outros valores que estão na herança cultural dos homens, mas não correspondem à eficiência da produção, são tolhidos, escondidos, desprestigiados. A ideologia da sociedade industrial reflete corretamente as condições da sociedade industrial. E, justamente por isto, serve como apoio ideológico – agora no sentido restrito da instrumentalização política – dos interesses capitalistas.

Como se dá este apoio? Pela valorização cultural da eficiência produtiva, esta é transformada em critério político geral, inclusive fora do âmbito específico da produção. "Tempo é dinheiro", é preciso ser eficiente e organizado no cotidiano. O interesse particular transforma-se em concepção geral, para a qual a legitimidade política está na eficiência do modo de produção capitalista – que está nas mãos de uma parcela – e não na representatividade dos interesses do conjunto social. Através da sua cultura, a sociedade industrial leva a crer que o critério geral dos homens deva ser a eficácia produtiva. Desta forma, as propostas políticas alternativas, baseadas na representatividade dos interesses da maioria, são enfraquecidas, quando não destruídas. A cultura, a "visão do mundo" capitalista, funciona como elemento conservador do modo de produção capitalista. Para ser possível valorizar a representatividade, portanto, numa "visão de mundo" que não se baseie apenas na eficácia do trabalho, é preciso agir sobre este modo de produção, transformá-lo. É preciso uma ação política.

É possível tirar algumas lições importantes desta análise de Marx e da sua aplicação moderna feita por Marcuse. São basicamente duas. Primeira: que *a cultura, para realizar de fato os valores que constituem a sua experiência humana, exige a elaboração de uma proposta política,* necessita a aplicação de uma atividade política. Segunda: *que a atividade política, portanto, possui um objetivo cultural,* de realização de valores éticos, de concretização de uma "visão de mundo".

Em cada situação histórica determinada, os homens em sociedade organizam a sua experiência cultural, econômica e política e institucionalizado: a este conjunto chama-se uma "civilização". A civilização grega, por exemplo, ou a civilização industrial. Quando se afirma que a atividade política tem um objetivo cultural, portanto, este deve ser entendido dentro de uma situação histórica específica, num contexto civilizatório. Neste sentido, pode-se afirmar que *a política possui uma missão civilizadora,* que lhe confere sentido humano, significado para a vida dos homens, seja em sociedade, seja individualmente, fora e dentro de casa.

Dito de outra maneira: a atividade política tem um papel libertário, uma função de expressão livre dos valores de uma "civilização" obstruída ideologicamente pela dominação de certos interesses e das suas orientações políticas.

A relação entre política e cultura, vista do ângulo cultural, apresenta duas faces igualmente importantes: a cultura precisa da política e a política tem um objetivo cultural. Algumas situações específicas podem ajudar no esclarecimento destas questões.

1. Afirmar que a política tem objetivos culturais, possui uma "missão civilizadora", não quer dizer que toda atividade política cumpra este papel. Ao contrário, as insatisfações são muito grandes e frequentes, e aparecem em expressões do tipo "o governo está desmoralizado", "os políticos só pensam neles mesmos", "toda esta política não leva a nada" ou que é que eu ganho com isto?".

Principalmente porque os interesses culturais estão mais presos ao cotidiano, e as propostas políticas oficiais são sentidas como insatisfatórias neste nível, por se dedicarem principalmente aos grandes temas – a segurança nacional, a paz social etc. –, cria-se um clima desfavorável na população. Ela está mais interessada em seu mundo imediato, do dia-adia, e passa a exigir respostas a estas questões.

Sobretudo a partir do começo deste século, esta insatisfação seria sentida com mais profundidade e abrangência. As guerras produziram nas pessoas a sensação de que os objetivos políticos não tinham nada a ver com seus interesses. A cultura oficial correspondente a tais políticas, passaria progressivamente a ser tachada de decadente, de alienada, de falsa. Era mais e mais impossível derivar destas propostas culturais algo além de ideologias de suporte de determinadas práticas políticas; todo o resto era legado a segundo plano, desde a possibilidade de fornecer padrões morais, prazer estético, até a chance de obter qualquer benefício em relação ao bem-estar e a seus valores. Enfim, já não havia méritos na política institucional, a não ser os de permitir a perpetuação do próprio poder. É o período do movimento expressionista, do surrealismo, do desencanto com a chamada "civilização ocidental cristã". As pessoas estavam perdidas no mundo, precisamente porque este mundo movimentava-se de acordo com orientações políticas sem qualquer sentido cultural, sem perspectivas para a vida cotidiana. Valorizava-se uma outra "cultura", oposta a esta "civilização".

A partir disto, as propostas revolucionárias tinham que levar em conta esta insatisfação; precisavam aliar às saídas políticas – de transformação do Estado, da estrutura social e econômica – algumas saídas culturais – de hábitos morais, de sentido para a vida individual. Caso não o fizessem, não conseguiriam obter o apoio de que careciam, estariam impossibilitadas de se basearem no consenso, nos interesses da maioria. E quanto mais adiantada culturalmente uma sociedade, tanto mais as propostas revolucionárias precisavam aparecer como propostas "civilizadoras", pondo em xeque a "civilização" existente.

Pois nestes locais mais "desenvolvidos", a insatisfação com a visão de mundo produtivista era maior. Tornou-se famoso o ensaio de Freud sobre o *Mal-estar na Cultura*, em que aponta para o abandono a que a cultura do capitalismo, da sociedade industrial, relegou quaisquer objetivos que não fossem ligados imediatamente ao esforço produtivo, ao trabalho. Chega ao ponto de afirmar que esta civilização estaria baseada na repressão ao prazer como necessidade de induzir ao trabalho. Entre o prazer e a realidade, haveria que optar pela realidade, impossível sem a repressão.

Problemas deste tipo levariam à constituição de propostas políticas alternativas, revolucionárias, que teriam um objetivo "libertário", de liberar os homens das amarras da sociedade construída sobre o trabalho alienado, desinteressante, opressor. Logo depois da Revolução, desenvolve-se na Rússia um movimento cultural intenso – que vai da dança de Isadora Duncan aos filmes de Eisenstein, os poemas de Essenin, o balé de Diaquilév, o feminismo de Alexandra Kollontai. Eram modos de procurar uma realização no plano cultural concomitante ao esforço produtivo. Quase que maneiras de mostrar a possibilidade de haver uma "erotização" do trabalho.

Nos países da Europa Ocidental, as propostas revolucionárias precisavam também se apresentar como saídas éticas, moralizantes. Deste modo, conseguiram o apoio das camadas médias, desencantadas com a inversão de valores operada pelas guerras, com a corrupção, o desespero do baixo nível de vida. Esta debilidade do mundo cultural e de seus valores, porém, facilitaria também o desenvolvimento de alternativas falsas – como o nazismo. Este se basearia na crise para propor normas autoritárias, que criariam uma mobilização da população em torno do que lhes era apresentado como "certo" e "errado". Não foi à toa que o nazismo utilizou-se do anti-semitismo: os judeus encarnariam o "mal", pois eram identificados aos capitalistas que só viviam em função de interesses materiais. Aliás, a expressão popular de que "judeu sempre faz bons negócios" é uma sobrevivência desta utilização da cultura como saída política autoritária.

Em épocas de crise, o autoritarismo sempre parece ser um porto seguro, porque ele acena com segurança para seus próprios padrões, escondendo o fato de que são impostos à força.

Também no Brasil já se tornou comum falar da desmoralização da política oficial. Exatamente por isto, a saída autoritária de 1964 associaria o combate à "subversão" à luta contra a "corrupção" e o "desregramento moral" do erotismo e dos tóxicos. Acontece que o tiro saiu pela culatra: o governo proíbe o jogo do bicho, mas libera a loteria esportiva; cassa "corruptos" mas diminui os salários e institui as eleições indiretas, em que o peso maior é o do dinheiro que compra os convencionais que compõem o colégio eleitoral; censura o erotismo mas diminui as verbas da educação; combate os entorpecentes, mas não oferece saúde pública. Pela expressão "Revolução de 1964" o governo queria surrupiar o tom libertário das revoluções socialistas. Mas fracassa, pois aprofundaria ainda mais a crise da civilização no Brasil.

Em todo caso, a saída política seria associada a uma saída civilizatória, o que precisa ser levado em conta por quaisquer propostas alternativas.

2. Se o significado da política institucional oficializada no Brasil acaba sendo de insatisfação, e aponta para a necessidade de uma saída civilizatória, isto não ocorre sempre com a atividade política. Existem formas que a política assume fora do âmbito institucional que produzem satisfação cultural, conseguem traduzir em valores cotidianos os objetivos políticos.

Isto não ocorre na atuação governamental, nem no plenário das discussões partidárias oficializadas no parlamento. Acontece onde a política aparece com o significado de expressar as aspirações cotidianas das pessoas, ligadas ao mundo do seu trabalho, do seu lazer, da sua sobrevivência. Existe em muitos sindicatos, em comunidades da Igreja, em associações de moradores, em organismos que homens, mulheres, minorias, trabalhadores, estudantes etc., constituem com o objetivo de atender aos seus interesses "de base".

Não ocorre nos aparelhos políticos que o Estado institucionaliza, mas se desenvolve quando o movimento social procura expressar-se politicamente, como postulante a uma voz ativa na transformação da sociedade.

Quando as pessoas se reúnem para discutir e deliberar sobre seus problemas objetivos, este exercício político permite uma interiorização subjetiva destas questões. A diversidade de problemas e de opiniões, e principalmente o modo conjunto de resolvê-los, acabam transformando a consciência individual. A democracia nas relações políticas objetivas termina por se tornar um patrimônio subjetivo dos indivíduos, já presente na prática interna de muitos movimentos de base popular, e não apenas como meta de conquistas exteriores, relacionadas à disputa do poder institucional.

Neste sentido, a democracia passa a ser um valor ético, cultural, que orienta o comportamento individual inclusive em situações não diretamente relacionadas com objetivos políticos, como no trabalho, em casa ou na escola e na vida afetiva. Influi no relacionamento pessoal e social: acaba tornando-se efetivamente uma "visão de mundo", que diz respeito tanto ao prazer estético como ao bem-estar físico etc. Quando a democracia acaba sendo uma "visão de mundo", então passa a ter sentido falar, como muitos o fazem, que "tudo é política". A política se "cotidianiza".

Gramsci denomina este fenômeno de "catarse", que seria uma subjetivação das relações políticas objetivas, o contato íntimo entre o cotidiano-cultural e o espaço das transformações operadas na realidade. A "catarse" não precisa ocorrer só com a democracia. O melhor exemplo, novamente, é o nazismo, que nisto também foi inovador como saída política autoritária. A estrutura rígida nazista, baseada na figura centralizadora do *Führer,* do líder, também se baseava na interiorização deste princípio de autoridade na consciência de cada pessoa. O chefe de família, o marido, o irmão mais velho, o professor, o gerente de fábrica, o oficial etc., cada um era um pequeno *Führer* que completava a pirâmide do poder até Hitler. E cada um se sentia responsável, a seu modo, pela sobrevivência daquela proposta de "civilização". Por isto, se convocasse eleições livres e diretas, facilmente o líder nazista seria eleito para o posto que ocupava, dado que "tudo era nazismo". Um "tudo", porém, parcial e excludente: os socialistas, os judeus, os proletários, os outros países não participavam. A maioria ficava de fora, o nazismo geraria uma nova insatisfação civilizatória, a estrutura do *Führer* tornada em ídolo mostrava seus pés de barro. Os limites do autoritarismo como "visão de mundo" estão na sua incapacidade de satisfazer o conjunto dos interesses em sua diversidade.

Nesta capacidade de interiorização subjetiva das relações objetivas da sociedade, e nas consequentes "visões de mundo", residiria para Lukács um referencial que permitiria optar entre várias propostas políticas. Examinando as diferenças entre a "visão" de mundo" do capitalista e do proletário, ele se detém nas "consciências de classe" possíveis em cada caso. O máximo de *consciência possível* à classe capitalista estaria condicionada pela necessidade da exploração, da obtenção do lucro, pela eficiência produtiva. Lukács associaria a insatisfação cultural a esta "visão de mundo" limitada. E encontraria uma saída civilizadora, que responderia a esta insatisfação, na elaboração de uma "visão de mundo" baseada na classe proletária e sua consciência, que não se basearia na exploração – do homem pelo homem –, mas procuraria eliminá-la.

3. "Meus votos para deputado e governador", ou "meus melhores votos de pronto restabelecimento". Este uso distinto do termo "voto" revela sua origem a um tempo política e cultural. O voto é a expressão de uma vontade, e como tal está ligado a um valor cultural. Ao mesmo tempo, ele ficou caracterizado como meio de realização desta vontade, como instrumento em que se apresenta a atividade política.

Os elementos culturais precisam, para se realizar, apresentar-se politicamente. Cotidianamente algum aspecto da vida cultural revela esta necessidade. Um jornal precisa de uma "política" editorial. Aprender a dançar corresponde a uma "política" para realizar relacionamentos sociais, afetivos, ou mesmo o prazer da expressão corporal. A "política" do corpo é um instrumento de realização amorosa, o elemento cultural mais típico e humano de todas as culturas. A psicanálise é uma "política" para a abordagem do inconsciente e das suas forças. A prática literária demanda uma "política" para a realização da literatura, como objetivo estético tanto para o leitor como para o autor. Ao mesmo tempo, a própria política das instituições e dos movimentos sociais se apresentaria como parte harmônica deste relacionamento íntimo entre o plano cultural e o plano da atividade política.

Atualmente, porém, o quadro não é este. A crise de participação nas propostas políticas institucionalizadas, em vigor, revela um abismo existente entre os valores que são as metas culturais e o alcance da atividade política. Hoje em dia política não é cultura.

A isto se pode atribuir, em grande parte, o desinteresse voltado à prática política, que pouco significaria para a vida das pessoas. Além disto, a própria cultura, resultado de uma valorização proveniente de formas determinadas de atividade política, não contribui com referências para responder satisfatoriamente à realização de questões cotidianas não institucionais. Esta cultura não oferece "políticas" para a solução de problemas que não digam respeito diretamente à produção material – às relações de classe –, ao mundo do trabalho ou ao poder que lhe corresponde. A experiência cultural concentrou-se excessivamente nos seus aspectos econômicos e nas políticas postas em cena por eles. A cultura indígena, por exemplo, oferece meios para tratar problemas cotidianos, recorrendo à experiência sistematizada em sua civilização, do mesmo modo que orienta seus guerreiros ou chefes. A civilização industrial contemporânea é pobre neste sentido. Justamente por isto ocorre uma recorrência frequente a conteúdos culturais místicos ou religiosos, com os quais se procura redescobrir a vinculação entre cotidiano e experiência cultural. Desse modo se obteriam "políticas" para a solução de determinados problemas, como se comportar no trabalho, em casa ou na rua, na vida afetiva ou familiar, em relação à saúde etc. A mãe de santo e sua prática religiosa peculiar, a umbanda, a cultura do oriente, a astrologia, o *I Ching*, os guias místicos, o espiritismo, as "viagens", são fontes de referência para o comportamento em certas situações, do mesmo jeito que o esporte, a Ioga etc. São pequenos pedaços da experiência de civilizações em que não ocorria a desorientação da prática cotidiana. Como tal, seriam suportes para desenvolver políticas de ação frente a determinados eventos ligados ao dia a dia, que esclareçam a precariedade da civilização contemporânea deste aspecto.

Foi dito que cada civilização corresponde à orientação de interesses políticos. A cultura que se impõe em uma sociedade é a da proposta política que se impõe nesta sociedade. A cultura capitalista é a da classe capitalista etc. Com isto não se quer dizer, porém, que o conjunto da experiência cultural adotada pelo capitalismo, sua proposta civilizatória, corresponde *unicamente* a interesses capitalistas.

Há valores humanos permanentes que se transmitem de cultura em cultura, civilização em civilização, embora se apresentem sob formas diversas conforme sucedem as orientações políticas dominantes. A democracia aparece nos gregos, e como democracia burguesa e como democracia socialista. Ela é adjetivada como democracia relativa, como democracia com responsabilidade, mas por trás mantém um valor essencial, tão essencial que precisa adquirir novas feições com cada orientação política que se impõe. As ideologias, como um suporte cultural da política, não podem ser livremente inventadas no ar; precisam de alguma referência anterior em que se ancorar.

Em *Casa Grande e Senzala*, Gilberto Freire mostra como a experiência cultural no Brasil constitui-se a partir da forma peculiar do capitalismo no país. Vários matizes culturais nativos, africanos e europeus, apresentar-se-iam integrando uma "visão de mundo" brasileira, com um pé na senzala dos escravos, e o outro na casa senhorial. A cultura assim se constrói em cima de elementos anteriores à orientação política dominante a que corresponde. Tem uma história própria, em que se reproduzem elementos que, em princípio, nada têm a ver com os interesses políticos, podendo até atrapalhá-los. São elementos tão fortes que se impõem à atividade política. Esta apenas consegue vesti-los desta ou daquela maneira.

A "cordialidade" brasileira, por exemplo, nada mais seria do que uma máscara para esconder o autoritarismo das relações duras do trabalho, seja do escravo, seja do trabalhador livre. Esta mesma cordialidade, porém, não existe em outras situações onde há a exploração capitalista. É resultado portanto da imposição de uma situação específica brasileira, não é necessária para o capital, que foi obrigado a se utilizar dela, mascarando-a, por imposição cultural. Mas não é porque é usada pelo capitalismo que se deve lançar toda e qualquer cordialidade como valor cultural no lixo. Ela também está ligada a um hoje, para ver que uma parte dele serve a interesses comerciais e políticos, e que outra parte corresponde a interesses culturais aqui e agora. A politização da cultura separa nela o joio "ideológico" do trigo dos "ideais" da civilização humana, revelando ambos como valores condicionados a determinadas situações históricas. A democracia também já não estaria presente por trás de algumas formas em que se mostra hoje? Seria preciso politizar o jeito como ela se apresenta, para poder descobrir por baixo da camisa da "abertura política", da "democracia representativa", da democracia socialista", os interesses a que serve em cada situação, a sua proveniência histórica e a relatividade do seu valor que isto implica. Desta forma, perceber-se-ia que a democracia que se quer já também não é abstrata, uma meta eterna, ideal, e desprovida de forma concreta. Pois ela também deve ter um valor aqui e agora, e portanto um significado para interesses conjunturais específicos: a garantia da maior representatividade e da mais ampla participação nas decisões políticas, retirando-as da alçada exclusiva do Estado capitalista a conjuntura específica.

Ao mesmo tempo, culturas a serviço de orientações políticas produzem elementos que significam aquisições da humanidade em geral, mesmo tendo sido concebidos apenas para beneficiar parte dela. Não é porque a produção industrial, fruto do desenvolvimento capitalista, é alienante, que é preciso retomar ao artesanato. Não é porque o automóvel traz problemas que é necessário voltar à charrete de burros. A sociedade de massas transformou a arte em mercadorias, mas nem por isto há que ser contra os discos, ou o cinema, ou a TV.

É preciso, isto sim, evitar que o automóvel transforme-se em centro de uma proposta de civilização, já que o seu "valor" também é relativo. Mas, para chegar a isto, é preciso politizar este bem cultural chamado automóvel, para detectar os pontos em que ele é somente um apoio a determinada forma de dominação, e aqueles outros aspectos em que ele significa um benefício efetivo para o homem. É preciso politizar o jogo de futebol tal como ele existe.

INDICAÇÕES PARA LEITURA

Uma visão panorâmica da política pode ser obtida em *História das ideias políticas,* de Sabine, e em *História das doutrinas políticas,* de G. Mosca. O Estado é examinado historicamente em *As origens do Estado moderno,* de B. de Jouvenel, e O *mito do Estado,* de E. Cassirer. *Diálogos políticos* de M. Cranston contém interessantes confrontos entre posições políticas.

A leitura de alguns clássicos é imprescindível e mais esclarecedora do que os comentadores: *A política,* de

Aristóteles; *O príncipe*, de Maquiavel; *O contrato social*, de Rousseau; *O manifesto comunista*, de Marx; *O Estado e a revolução* de Lenin.

Há duas coletâneas – a obra política de Marx, organizada e apresentada por O. Ianni, e a obra política de Lenin, organizada e apresentada por F. Fernandes – que permitem aprofundamentos posteriores. *Maquiavel, a política e o Estado Moderno*, de A. Gramsci, desenvolve as propostas marxistas para a política, assim como *História e consciência de classe*, de G. Lukács. A vida política-ética dos gregos é magistralmente descrita em *Paideia*, de W. Jaeger. Maquiavel, Hobbes, Locke, Rousseau estão analisados em profundidade em *O pensamento político clássico*, organizado por Célia Quirino e Maria Teresa Sadek, obra que pode ser complementada por *A teoria política do individualismo possessivo*, de C. B. Macpherson.

O pensamento político nos EUA é ilustrado por *A democracia na América*, de A. Toqueville, *Os direitos do Homem*, de T. Paine, *Autobiografia*, de B. Franklin, *Liberalismo, liberdade e cultura*, de J. Dewey e na obra de C. Wright Mills, em especial em *A elite do poder*.

Na Europa há uma vertente liberal igualmente importante em Apolítica como vocação, de M. Weber, *Entre o passado e o futuro* – entre outros títulos –, de H. Arendt, e *Massa e poder*, de E. Canetti.

O debate político atual pode ser acompanhado, por exemplo, em *O marxismo e o Estado. Sociedade e Estado na filosofia política moderna*, de N. Bobbio e M. Bovera, e *Um socialismo a inventar*, de L. Radice. O novo Estado industrial, de K. Galbraith, e *Ideologia da sociedade industrial*, de H. Marcuse. *O futuro da democracia*, de N. Bobbio, *A alternativa*, de R. Bahro; e *Adeus ao proletariado*, de A. Gorz. Estes dois últimos examinam as alternativas para o socialismo na sociedade industrial. Existe uma *História do Marxismo*, organizada por E. Hobsbawm, contendo análises dos séculos XIX e XX até hoje. Os próprios títulos dos livros já são elucidativos do seu conteúdo.

No Brasil, a discussão passa pelos movimentos sociais, quepodem ser acompanhados em *São Paulo: O povo em movimento*,coletânea de P. Singer e V. Caldeira Brand, e *O que é participação política*, de D. Dallari, que escreveu também *O futuro do Estado*, examinando as alternativas entre Estado democrático e Estado autoritário, que é também um título de Franz Neumann, num texto clássico sobre o assunto.

A democracia e suas vias constitui tema fundamental entre autores brasileiros: *Por que democracia?*, de F. Weffort; *A democracia como valor universal*, de C.N. Coutinho; *Cultura e democracia*, de Chaui.

As alternativas institucionais e partidárias são examinadas em *Nova República* e *Que tipo de República*, de F. Fernandes; *Perspectivas*, de F.H. Cardoso e na coletânea *E agora PT?*.

SOBRE O AUTOR

Wolfgang Leo Maar é professor da Universidade Federal de São Carlos. Estudou na Escola Politécnica, no Instituto de Física e na Faculdade de Filosofia, Letras e Ciências Humanas da Universidade de S. Paulo, em cujo Centro Residencial fez política estudantil até ser preso por ocasião da decretação do Ato Institucional nº. 5, em 1968.

Participou intensamente da vida sindical (greves nacionais de professores, conferências nacionais da classe trabalhadora etc.) e política (Comitê Suprapartidário das

Diretas, Comitê Pró-Participação Popular na Constituinte, Partido dos Trabalhadores etc.) especialmente enquanto dirigente da Associação Nacional dos Docentes do Ensino Superior – ANDES, de que foi vice-presidente.

Como analista político, escreveu nos principais jornais, revistas e semanários, destacando-se um longo período como colaborador da *Folha de S. Paulo*. No debate político cultural tem se dedicado à discussão e elaboração de propostas de reforma educacional e universitária, seja nas entidades de classe, seja no plano partidário.